THE WRITE MIND

A COMPETITION ANTHOLOGY
POETRY & SHORT STORIES

COMPILED BY : P AALVIA FOUNDATION

          & MIT-WORLD PEACE UNIVERSITY

Publication House : Notion Press
Book Design : STUDIO ILANOS

COMPETITION ANTHOLOGY PWBD 2025

DISCLAIMER:
This book is a compilation of the shortlisted entries for the
Competition conducted during Pune World Book Day 2025
selected by eminent jury. The compilers and the publishing house
have undertaken all reasonable and prudent efforts to ensure
that the sentiments of any person, country or community are not
deliberately hurt.

The poems and stories have been published as per the received
submissions without editing / formatting. Some writing may not
be as per traditional norms or pronouciations. However, it has been
retained the way the poet/ author has submitted, giving freedom to
vocabulary and modern ways of writing.

THE WRITE MIND

Our Heartfelt Gratitude to:

MIT- World Peace University

Nukkad Cafe

Villoo Poonawalla Foundation

National HRD Network - Pune Chapter

Samiksha Social Initiative

Writers' Web

Siddharth Kak for mentoring the entire festival

Dr. Vishal Ghule

Dr. Vishakha Pethkar

Evaluation and Judges:

Abhishek Sharma

Akam Quazi

Amit Arora

Dev Dutt

Dhanashree Warad

NirmalArora

Satyawan Gagare

Friends of the festival

Sonali Rasal

Sathya Natarajan

All eminent Speakers, Attendees and Participants.
THANK YOU VERY MUCH!

POETRY

हिंदी

COMPETITION ANTHOLOGY PWBD 2025

अशुद्धता ही शुद्ध है - आमिर हुसैन

बेहद पतली गली सी, छोटी सी बस्ती, भूखे से पेट,
नंगे बदन, बिलबिलाती सी चिखे
हां हां ये बस्ती बड़े कुल के लिए अशुद्ध है/२/

बड़े कुल ने बड़ी ही पहचान दी/२/
कुछ ने हरिजन, कुछ ने चमार, कुछ ने भंगी, कुछ ने अछूत कहां
वस इंसान को इंसान नहीं कहा/२/
बड़ों ने बड़ी आवाज से दुत्कारा
ऐ भंगी, ऐ चमार, ऐ अछूत
हां हां मैं लाचार हूं/ इसलिए शायद अशुद्ध हूं /२/

समानता का अधिकार मिला, समानता न मिल सकी शायद
बड़े राष्ट्र की छाया मिली, लेकिन बड़े पेड़ की छाया न मिल सकी शायद
FIR का अधिकार मिला, लिखने वाले न मिल सके शायद
पढ़ने का अधिकार मिला, साथ बैठकर पढ़ने वाले न मिल सके शायद
हां हां मैं लाचार हूं/ इसलिए शायद अशुद्ध हूं/२/

स्त्री की मर्यादा लांघने से क्या धर्मभ्रष्ट नहीं होगा तुम्हारा
बच्चों को लहूलुहान करने से क्या धर्मभ्रष्ट नहीं होगा तुम्हारा
वृद्ध को तड़पाने से क्या धर्मभ्रष्ट नहीं होगा तुम्हारा
हां हां नहीं होता होगा तुम्हारा, शायद आप फरेब के पवित्र हो
हां हां मैं लाचार हूं / इसलिए शायद अशुद्ध हूं/२/

एक समझ हमको तू, बस मानवता का दर्जा दे
गंदे मन को कोरा कर, शुद्धी का परछम लहरा /२/
तू और हम एक ही कुल के वंशज हैं
हां और हां उस कुल को बड़ी पहचान दे

और हां, और हां, मैं शुद्ध हूं बस तू अपना मान
अशुद्धता ही शुद्धता है, अशुद्धता ही शुद्धता है/२/

जीवन एक एहसास - अभय तिवारी

सब कुछ पा लेने वाला और सब कुछ खो देने वाला,
वो दोनों एक जैसे ही हैं,
भीतर से भरे हुए हैं खोने-पाने के नवीन स्वप्नों से
और ख़ाली हैं दोनों ही अपने अस्तित्व से,
वे दोनों कल पर ही रो रहे हैं,
एक आने वाले और एक गुज़रे हुए,
हक़ीक़त में वो दोनों एक ही हैं,
केवल समय से बँटे हुए,
रास्ता चाहे कोई भी हो,
दोनों को जाना एक ही जगह है,
एक ऐसी जगह जहां वो केवल अभी में जी सकें,
आने वाले और गुज़रे हुए कल से प्रथक,
दोनों ने सब कुछ पाया नहीं है,
दोनों ने सब कुछ खोया नहीं है,
इस एहसास पर आने की यात्रा ही जीवन है,
हार कर भी और जीत कर भी।

मैं बस एक औरत नहीं - मानसी चौधरी

खूब बधाई हो आपको आपके घर जन्मी है एक गुड़िया
खूब बधाई मिली सबको और मुझे बड़े प्यार से पालने में झुलाया

लोग बच्ची हैं मुझे कहते क्यों उन्हें मेरे सपने समझ नहीं आते
कहते रास्ता तुमने गलत चुना "तो अब मेरी मंजिल भी तुम चुनते"

अपने सपनों के लिए लड़ी हूं मैं देखो आज कहां खड़ी हूं मैं
न जाने कितने लोगों ने मेरे हारने की लगा रखी थी आस
आज मेरी कामयाबी का शोर देगा इन सभी को जवाब

ना कभी आगे बढ़ने का डर था ना आज गिरने का खौफ
निडर चली मैं अपनी मंजिल की ओर झुकने ना दिया सर चाहे लाख
मुश्किल हो सफर

कौन कहता है औरत कमजोर है
आज मैं और मेरे सपने दोनों हैं बुलंद

ना रुकूंगी मैं और ना ही झुकुंगी मैं
दो तुम भी अब साथ मेरा
साथ मिलकर बढ़ाएं कदम

अपने आप की शान हूं मैं
बस एक औरत नहीं महान हूं मैं

गज़ल - मोहसिन साहिल

ताल्लुक इतना गहरा हो गया है
किनारा मैं वो दरिया हो गया है

ज़मीं एक भीड़ लेकर चल रही है
मगर इंसान तन्हा हो गया है

कहीं देखा था उस ने मुस्कुरा कर
बस इतने का तमाशा हो गया है

बुरे एक रह गए हम ही जहां में
जिसे देखो फ़रिश्ता हो गया है

ये दिल है ख्वाहिशों का एक समुंदर
मगर यह ज़ेहन प्यासा हो गया है

कल आज और हमेशा - नागेश्री सावंत

आज भी तुम्हे खूब याद करती हूँ
तुमने बिखेरे हुए वोह फूल
आज भी रोज समेटती हूँ
तुमने दिये हुए वोह वादे
आज भी बोहत साटते है
तुमने दिये हुए वोह जखम
आज भी कहा भर पाये है
तुमने दि हुई वोह मुस्कान
आज भी कहा वापस मिल पायी है
तुमने काही हुए वोह आखरी लफज
आज भी कानो मे गुजते है
तुम्हारे साथ बीता वोह हर पल
आज भी कहा भूल पायी हूँ
आज भी तुम्हे खूब याद करती हूँ
हा आज भी तुमसे बेशुमार प्यार करती हूँ

गज़ल - नील सुतार

आज वो ख्वाब में आई है
लगता है शब की शामत आई है

वो जो मुझे दिख रही है
वो वो नहीं सिर्फ परछाई है

हर रोज जो एक तस्वीर को देखते हो
बाकी कुछ नहीं सिर्फ खुदाई है

आंखें जो लाल हुई पड़ी है
अश्क नही फिर नींद आई है

झूठे सबब लबों पे रखते हो
यकीनन आंखों में सच्चाई है

महताब अब्र में छुपा है
ज्यादा कुछ नहीं वो शरमाई है

अब तो सो जा 'नील'
अब तो सुबह होने को आई है ..... ।

चिरानंद की खोज - सुरेखा कश्यप

हे मुदित विहंग !
निर्बाध मुक्त,
निर्द्वन्द मुग्ध,
करते हो खोज
किस चिरानंद की ?
उत्फुल जीवन,
अर्ध सुप्त !

हम चिर अनंत,
चिंता निमग्न,
सुख की प्रतीक्षा,
दिग्दिगंत,
निर्भ्रांत नहीं
जीवन चंचल,
है मुक्त कहां
हर सुंदर पल?

तुम देते
आशा का प्याला,
हर लेते
भ्रमाशा हाला,
आता विचार तब,
एक दिवस
तोड़ेंगे श्रृंखलाएं विषम,
तेरे समान ...

ओ मुदित विहंग !
करेंगे किलोल,
निर्बाध मुक्त,
निर्द्वन्द मुग्ध,
पाकर हम उस
चिरानंद को
सदा स्वयं में,
उत्फुल जीवन,
प्रेम लुप्त !

रूह की रहगुज़र - सुष्मिता शर्मा.

सांसों का स्पंदन धीमे हो चला,
नैनों का पर्दा हो रहा बंद,
धुंधलाते चेहरों के बीच की कशमकश,
दिल में घबराहट, मस्तिष्क स्तब्ध।

ताने-बाने बुनता दिमाग,
ठंडा पड़ता शरीर है,
हाथों से हाथ छूट रहा,
शायद विदाई का यह प्रतीक है।

सहसा एक रोशनी का पुंज,
लाया एक निशब्द संदेश,
पल भर पहले जो अंधेरा था समाया,
उसको चीर, प्रकट एक दिव्य तेज।

एक तरफ दुखी चेहरे,
तो दूसरी तरफ मुस्कुराता वह रूप,
कभी सुन रहा लोगों का रुदन,
कभी दिखे वह अप्रतिम स्वरूप।

कुछ समझ ना आया तब,
जाना मुझे किस ओर है?
अपनों की सिसकियां मुझे पुकारे,
पर खींचे डोर मुझे कहीं और है।

असमंजस में हिचकिचाते हुए,
होंठ पूछ रहे कंपकंपाते हुए,
क्या हो चुका समय पूर्ण मेरा?
क्या अंत मेरा नजदीक है?

खूबसूरत, सौम्य चेहरा,
नैनों में प्रेम की धारा,
मासूम मुस्कान से परिपूर्ण अधर बोले,
"डर मत मानव, तू नए जीवन के करीब है।"

धिक्क्कार - *तहसीन किबरिया*

ये तमस कैसा, कैसा ये अंधकार है
फिर से गूंजी नारी की चीत्कार है

फिर छलनी किया गया इक जीवन
विखंडित कर दिये उसके तन व मन
और वो बालिका वो तो अबोध थी
अभिघात बन गया उसका बालपन

देखो ये चंचल मन ये भोले भाले मुखड़े
फिर देखो गोद में उनके मांस के लोथड़े
नहीं अभी बंद ना करो अपनी आँखे, देखो
ये रक्तरंजित शरीर ये आत्मा के चीथड़े

ये पौरुष जिसने जीते थे असंख्य रण
इतना गिर गया कि अब करे चीर-हरण
कलियुग में मर्यादा का हो चुका इतना पतन
ये धरती अब ना दे ऐसे दानव को और शरण

एक चिता सजाओ और जला दो मुझको
या धरती के दो गज नीचे सुला दो मुझको
सृजन करो फिर से एक नये सृष्टी का
नारी को पहनाओ मुकुट और भुला दो मुझको

सुनो नारी समय के बस यही पुकार है
तुम्हें ही करना स्वयं अपना उद्धार है
वाणी हो या वीणा हर स्वर तेरा वार है
उठा लो शस्त्र अब यही तेरा अलंकार है

ये भूखे भेड़िये नरभक्षी ये संसार है
मेरा अस्तित्व भी तो इसमें भागीदार है
अपने पौरुष पे ये कैसा अहंकार है
धिक्कार है मुझपे धिक्कार है

भागी हुई लड़की - उर्मी रूमी

कुछ लड़कियां भाग जाती हैं

कभी किसी के साथ
जो मिल जाए..
कभी अकेले

मैं समझ सकती हूं
वो भागती क्यों होंगी
क्यों छोड़ देती होंगी घर

जो होता है उनके साथ
उस से बुरा और क्या ही होगा
उन्हें ये यकीन है

अक्सर जो धरातल के भी नीचे
पाताल में दबाए गए हैं
वो आज़ादी के लिए
उड़ने के ख्वाब लिए
कहीं भी जायेंगे
कुछ भी कर जायेंगे
चाहे हश्र कुछ भी हो
हिंदुस्तानी लड़की तो यों भी
कफन बांध के पैदा होती है
कभी पालने में
कभी पितृसत्ता में
दफ़्न तो हो ही जाना है न उसे !

भागी हुई लड़की खुश है
भागने से उसे बहुत उम्मीद है
पर भाग के भी वह
बहुत दूर नहीं जाती
क्योंकि जिन बातों ने उसे दबोचा घर में
समाज की नींव में भी
उन्हीं बातों के तो पत्थर हैं!

भागी हुई लड़की आज़ाद है
चंद पलों में वह पूरी ज़िंदगी जी लेगी
भागते हुए वो सबसे शक्तिशाली होती है
सबसे हल्की, सबसे अहम
अपनी ज़िंदगी की शाहरुख खान होती है वो
और यही तो चाहिए न हम सभी को?

कि इस बात की फिक्र किए बिना
कि कोई लड़की है या लड़का,
हम सब बन सकें अपनी ज़िंदगी के हीरो!

अश्रू - आचल मुळे

तुझ्या डोळ्यातून अश्रू नको वाहायला
असं काहीस आयुष्य जग

एखादा अश्रू वाहणारच हे स्वाभाविक आहे
निदान तो सतत नको वाहायला,
असं काहीस आयुष्य जग

क्वचित जे अश्रू वाहतात, ते तुला तोडू नये
असं काहीस आयुष्य जग

आयुष्या पेक्षा अश्रूंचं वय मोठं नको
असं काहीस आयुष्य जग

हे तुझे अश्रू कधी जाऊन सुखाचे अश्रू असावे
असं काहीस आयुष्य जग

स्वतःला सावरून, स्वतःवर प्रेम करून, स्वतःचा विचार करता जग
खरचं असं काहीस आयुष्य जग!

प्रितीच्या वळणावरी रे - ऐश्वर्या महाजन

प्रितीच्या वळणावरी रे साजणा येशील का ...?
गूज दडले अंतरी जे, जाणुनी घेशील का ...?
चांदण्यांचे ताटवे मी मांडले वाटेवरी,
चांद तृषीत चातकाचा, सांग रे होशील का ...?

कौमुदी ही आज सजली, साज प्रेमळ लेऊनी ...
प्रितीची मज चार सुमने सांग रे देशील का ...?
विरहाने मनमोहना रे लोचने पाणावली,
मधरास या कवटाळून मज आलिंगन देशील का ...?
प्रितीच्या वळणावरी रे ....

बुधवारपेठ - किशोर कश्यप

बुधवार पेठेतून मी लैला बोलत आहे
एकदा धाडस करुन मी म्हणाले कवीला
मला तू आवडतोस
त्यावर तो हातातल्या लेखणीकडे
प्रेमाने बघत म्हणाला
मी कवितेवर खूप प्रेम करतो गं

पुढे एकदा सहजच विचारले मी सोशल वर्करला
का रे मित्रा तुला जमेल का माझ्याशी लग्न करायला?
त्यावर तो ही सुन्न झाला व म्हणाला
केलं असतं गं
पण माझ्यावर सामाजिक जबाबदारी खूप आहे.

एकदा एक लेखिका
आली होती माझ्या धंद्यावर
माझी विचारपूस करायला
तिची करुणा व ममत्व पाहून
मी उगाच आशेनं विचारले तिला
मला नेशील का तुझ्या घरी घरकामाला?
त्यावर ती सुध्दा खिन्न होऊन म्हणाली
माझ्या घरचे त्रास देतील गं तुला

एके दिवशी हे सगळेच आले
मला मार्गदर्शन करायला
व हा धंदा सोड म्हणायला
मी त्यांना सुनावलं

काय को खाली पिली टाईमपास करते हो !
धंधे के टाईम पे खोटी मत करो
जाँव यहाँ से बाद में आव!
जाँव यहाँ से बाद में आव!

तुला शोधताना ... - ओम पिंपळे

तुला शोधताना
मीच हरवून गेलो
वर्णनाने तुझ्या
तुझे रूप साठवत गेलो .

प्रत्येक वाट नवी
चाहूल तुझी देत होती
चालताना पावलात
तुझी पाऊले उमटत होती .

मोगऱ्यासम सुवासिक
प्रत्येक आठवण तुझी
तुला शोधताना मनी
नवी पहाट होत होती .

तुझे ते हास्य पाहून
सौंदर्य पापण्यात आले
मिटताच क्षणी पापणी
पाण्याचे मोती झाले .

शाप गरिबीचा- प्रकाश गिऱ्हे

काय पाप केले आम्ही, काय गुन्हा आमचा
का? दिला देवा आम्हास, शाप गरिबीचा

दुःख देऊन आम्हा, चाले खेळ संकटाचा
एकामागून एक येतो, डाव दुश्मनाचा
पूढे जाताना का? लोटे वारा परतीचा

भोवताली सारा, काळोख जाहला
हसतानाही, नयनी, एक आसू आला
मान का न्हायी, फक्त दाम चाकरीचा?

राब राबावं किती, मोल नाही त्याला
सारेचं रे उपाशी, देऊ मी कुणाला
न राबता होई का काळ जिकरीचा?

नव्या कपडयाकडे वळते, सर्वांची नजर
फाटके लपवताना कपडे
कुणाला आमची कदर, अंधारी जाताना का र सुटे संग सावलीचा ?

थंड किती रहावं, त्या उपाशी पोटानं
नुसते, जळतो आम्ही, पूढे पेटलेलं रानं
आगीसाठी नाही पूरा, तूकडा भाकरीचा
घाव किती सोसूनी, झिजली ती सावली
किती सजवावी आता, स्वप्रे काळोखातली
असा कसा न्याय देवा, तुझा आमच्यावरीचा

पण तोवर लढच, जोवर येत नाही अंत जीवनाचा
जरी दिला देवा आम्हास, शाप गरिबीचा

नको नको नको छेडू नंदकिशोरा - प्रकाश गिऱ्हे

नको नको नको छेडु नंदकिशोरा ..
तुझ्या सांग, सांग माय चंद्रचकोरा, मुरलीधरा

तुप लोण्या मध्ये नाही नाही रे
नाही पाणी, नाही काही टाकले.
तुच बघ चाखुनीया, सारे आणले
का? का? वाट आडवी, खरा, पामरा

यमुनेच्या तिरी रास खेळतो जरी
फक्त वाहतो मला, जरी गुंतला हरि
दुश्मनासही लळा लावलासरे
मीरा हरवली भान भक्तीतरे
मुरली वाजवूनी, गोडते हसूनी मोहानी टाकी, टाकी, टाकी सावळा

नटखट त्या मुरलीधरा भक्तीचा चोर धरा
काय म्हणू, काय नाही तुझ्या पूढे, अरे भान नाही तेज तुझे भूलवी,
गोपीकास झूलवी
जरी जरी, जरी तुझा रंग आगळा.

जगण्यातल रोजच मरण - प्रसाद शिंदे

माहित नव्हत मला समाजातील दलदलीचा गाळ
आताच कुठे जन्माला आलो होतो मी बनून बाळ
नुकतीच तोडली होती माझ्या आईपासून माझी नाळ
काहीच दिवसात अध्यात्माचं माझ्या हातात दिला
विठ्ठूमाऊलीचा गजर आणि टाळ

आता कुठे मला माझं अस्तित्व समजलं
आता कुठे मी बालवयात पदार्पण केल
माझ्या समोर माझ्याकडून
पूर्ण केल्या जाण्यान्या अपेक्षांचे घर बांधलं गेलं
हळू हळू ते घर नकोस वाटू लागलं
कारण तिथे कोणीच नव्हत ऐकायला मनातलं

युवा वयात येताच पडला पाठीवर अपेक्षाचा भार
"अरे खूप बारीक आहेस तू" जरा वाढवं आहार
दुःख यांच नव्हत मला मार्क कमी मिळाले
पण याच होत कि आता भेटेल मार
एवढस मन माझं पण त्यावर होत्या अपेक्षा फार
या पूर्ण करण्याच्या नादात माझा आनंद झाला ठार
असं आयुष्य जगता जगता मी आलो आता उतारवयात
संपत चालली होती माझी हयात
एक दिवस मिटले डोळे आणि घेतला शेवटचा श्वास
त्या सोबत संपली प्रत्येक आस
सोडलेल्या देहाला त्याच्या आत्म्याने प्रश्न विचारला
किती पैसा कमवलास आयुष्यभर ?

सांग एक रुपया तरी आणता आला का तुला सरणावर
किती होती तुला पैश्याची भूक ?
माणुसकी सोडून पैश्याला जुमानलस हीच तर तुझी खरी चूक
अरे या नादात तुला राहील नाही कसलं भान
ज्यांना आपल-माझं करत राहिला
त्यांच्या कडेच नाही तुझं कोणताच स्थान
बघ अवतीभवती तुझी मानस बोलत आहेत
"हा मेला, आम्हाला सोडून गेला"
पण खर सांग मला नेमका तू कधी जगला?

अजूनही पूर्वीचा मी - ऋषिकेश ब्राह्मणे

माझे बंध इतके चांगले की ; तुझ्या सुगंधा वाव नाही
मी पूर्वीचा बांधलेलो, येथे तुझ्या सौंदर्याला भाव नाही

तू असशील चंद्र पौर्णिमेचा, येथे रात्रीला शितल छायाच नाही
मी मात्र सूर्य उन्हाळ्याचा, तरीही वृक्षास वसंताची सावली काही

अरे हे ठिकाण असे की इथे किंमत नुसती हृदयांना
तू तोडलेले हृदय अनेकांचे ; येथे जागा नाही सेवकांना

तू आत्ताची मात्र अशी, तरी माझी नजर तुला पहिल्यासारखी पाहे
अरे मी फक्त गुलाम त्या प्रेमाचा; गोष्टी अजूनही माझ्या डोक्यात आहे

तू आता मला वेड समज, तुझ्या समजण्या वाव नाही
मी पूर्वीचा बांधलेलो, येथे तुझ्या सौंदर्याला भाव नाही

वानप्रस्थ - स्वाती शेंबेकर

सूर्य टेकला क्षितिजावरती –
थकून-भागून...
लांब सावल्या पाय ओढती-
देहामागून...
वळुन पाहती तृप्त चक्षु हे,
इमला स्वप्रांचा-
मूर्तरूपी ह्या सुरचित सुंदर,
सुखी संसाराचा!!

चीज जाहले कष्टांचे अन
फळले मम संचित...
वळणावरती पाय थबकले,
जडावले किंचित...
भिवविती ना मज संध्याछाया;
शांतवती चित्ता!!
निरामयाची ओढ जागवे-
चित्ती प्रसन्नता!!

कधिही उठावे, कधिही निजावे-
कुठले ना बंधन!
भटकावे वा कधी बसावे-
फतकल मारून!
हसेल कोणी म्हणेल काही,
कशास ती चिंता?
स्वैर जगावे, खावेप्यावे-
अपुल्या आनंदा!!

जमेल तैसे ऋण फेडावे,
समाज-देशाचे,
जमतिल तितुके अश्रू पुसावे,
दीन-वंचितांचे!
वानप्रस्थ परिपक्व असा हा,
आखिव रेखीवसा!!
व्यतित करावा अटळ काळ हा-
जणू अंतिम जलसा !!

ENGLISH

I See You Now – Through Storm and Beyond!

- Astha Agarwal

I see you now, ensnared in the eye of a callous storm,

where thoughts howl louder than the bustling crowds,

the struggle for each breath has turned into a norm.

You wail in silence, to the world so deaf,

your plea ricochets into thin air, no response, only despair.

Yet, you search for the sky so clear, even a fleeting calm just to
draw near.

But trust me, love, I have braved this road through

storms and fears for countless years,

got through those sleepless nights - the pillow all

drenched - yet you suffice.

If the world doesn't hear, you need not cry, for you are

enough, no need to die;

the winds will slow and a gentle breeze will flow,

the lasting calm awaits you, for all you need to know!

Have Mercy ! - Ayesha Shaikh

On the theme, personal experience
(highlighting everyday habits—screen addiction, poor diet, and excessive skincare. It reflects the internal struggle between indulgence and discipline.)

In nights that are deep, when the wind whistles,

with restlessness, the brain thistles.

But my tired eyes continue to stare at a screen,

day in and day out—this becomes my routine.

Long hours pass without any sleep,

fractured thoughts make the world look weak.

Drowned in blue light, lost in thought,

"Have mercy !" the eyes call out,

then the brain begins to rot.

For sleep is essential at the right hour,

ignore it, and your eyes won't take you far.

The skin, soft with no flaw,

a fleeting perfection, the Creator's grand draw.

A baby's tender skin, untouched by time, unscarred, untrimmed.

Enter my teens, I load it with chemicals,

harsh and heavy, unnatural, clinical.

With creams and lotions, hydrants, so typical.

"Have mercy!" cries the skin, "Mercy, dear one!
Do not block my pores with superficiality.
Dusky with flaws, let me keep my originality."
Because my heart feels like it, I indulge,
with cheesecakes and lasagna for brunch.
"It's just today, I will start tomorrow,"
making promises I know are hollow.

Fried chicken, cheesy burgers, fries and takeaways,
"Just one day," I repeat—lost in indulgent ways.
"Have mercy!" a voice calls out,
as my heart pumps with all its might,
struggling to fuel the body that dimmed its light.

Plaque builds, blockages in sight,
it beats 100,000 times from morning to night.
Tirelessly working, yet I betray,
feasting on pizzas, mousse, and a rich soufflé.

Oh reader, let this not be your case,
lest self-destruction shortens your days.
If the mind refuses to pause,
and you persist in habits that harm and exhaust,
then let it not be that, in weary despair,
your tired heart decides it can no longer bear.

So if the mind doesn't leave its harmful ways,
then the heart decides to end its days.
Have mercy—on yourself.

An Old Pair - Bhagyashri Hood

It was winter, a chilly morning indeed,
As I got off the bus, my hands in need
My hands were frozen with the cold flowing breeze
I seeked warmth in my jacket for ease.

An unusual texture touched my hand,
A dried rose from my last love strand,
A rush of memories flooded me through,
A wound uncovered that still feels new.

Lost in thought, a little I walked,
Saw an old couple ahead,
Not a normal couple but a happy pair instead.
The man was intervening a garland in her braid,
Her smile is like a crescent moon he said.

From the day I met you to the day my dreams came true,
I couldn't help but fall in love with every glance of you.
Now I live in happiness, with only one cause in my mind,
To love you forever, and leave everything behind.

I asked, what's love?
He said, "Love are not the stars in the sky,
Nor is love an ocean nearby.
Love is not in the monsoon days,
Nor is love in the sunlit rays.

For love is the full moon in a dark night,
Love is the drop of the water that reflects light,
Love is in the petrichor of the first rain,
Love is in the warmth of winter's domain."

I wonder how beautiful it would be,
To fall in love with the right human being,
A description that changed my perspective,
Told me- one experience can never be conclusive.

Moonlight Romance - Dev Dutt

Moonlight laid carpet
On the seashore sand,

For a walk
Of two loving soul mates...

    Sleeping shore
    Awoke by silent footsteps

    Of two loving soul mates.

Cool whispering breeze
Carrying fragrances
To enclose

Two loving soul mates.

    Stars witnessing
    Love treasured
    by them

Writing new chapter
In volumes of love forever...

You Were There, Then Gone - Diya Vora

It started with a smile—
yours, bright as morning light,
mine, tentative but eager to match.

Laughter followed, warm and unburdened,
as we shared pieces of ourselves,
like puzzle parts clicking into place.

You sat beside me,
leaving behind others to claim this space—ours.

Together, we built something tender,
a mosaic of Domino's crusts,
garden photos,
and whispered secrets.

Your name filled my journal,
a garden we both claimed.

But even safe havens crack.

The cracks began small,
barely whispers,
until they grew loud enough to drown me.

"It's you," you said,
and your words stuck,
a burr in my chest.

Every fight became my fault,
every apology mine to carry.
You rewrote the story,
and I played the villain.

And I believed you.

Your laughter, once soft,
grew sharp—
a weapon I never saw coming.

Weeks passed.
Your world expanded,
while mine closed in.

I read books for comfort,
waiting for you to ask,
"Are we okay?"

You never did.

So I let go—
just a quiet text,
yet it shattered the air between us.

"It's over," I said,
though it felt more like an ending to myself.

I deleted our photos,
tore your note,
but your name still lingers
in the spaces you left behind.

I see you still,
laughing like the past never touched you.

Maybe, for you, it didn't.

But for me, it was survival.

Even now, your shadow lingers—
a quiet ache in moments of stillness.

But there are sparks—
friends who stayed when you left,
hands that reached into my silence
and pulled me into light.

I carry the scars,
and I carry the lessons.

You were a chapter,
but not the whole story.
From the ruins of what we were,
I bloom.

Jubilation - Hemant Kulkarni

The stream whispered gently,
as it meandered through the pristine terrain.
The submerged rocks felt tingled and chilly,
and sent their blessings to the heavenly rain.

Breeze of jubilation swept over the meadow,
and the grass swung from side to side.
The sky pompously flaunted a rainbow…
Countryside looked like a ravishing bride!

The clouds saluted the wondrous scene
with deafening sounds of their thunder…
Multiple flashes of lightning were keen
to 'click' and capture this marvelous wonder!

The Sun lazed behind the overcast skies,
and peeped out with its sleepy rays…
The ocean reposed with gentle sighs,
and wondered about the Almighty's ways!

Silenced Cries, Unspoken Truths

-Karishma Shingote

A dreadful story which was untold
She kept it away for so long, today to unfold

A tremble in her voice, sobbing and choking as she spoke
Her body full of fear, her heart pumped to a stroke

He came onto me like a wildfire, seizing my bod
this sudden ambush made my numb to the core

I struggled to set myself loose,
But his strength was a heavy noose

I cried, I begged for me to be free
But his hunger overpowered my screams

Bound by chains unseen, he kept thrusting his needs
I laid there captive, shunning my pleads

My eyes teared sensing my drained fame
And my shadow burned, like a flickering flame

Through tangled thorns and this fearful night,
I sought the dawn, to a promised light

The morning awakened, my essence still shivered
My form was conquered but my soul not yet,
delivered"

And she asked aloud….

"For just a taste of lustful content, what joy could rise from such a blight

To crush her shining wings, to dim her soul, and steal its light"

A narrative told by many, now the world also does not find these plights uncanny

She became just another chronicle, and her tale, one day, will be historical

Children's World - Nirmal Neelu Arora

Don't scold us teachers
We are the little buds
Please help us fully bloom
With your love and hugs

With so many subjects
We already get tired
For our funny mistakes also
We want to get admired

We expect exactly the same
From our parents even
With lots of fun and frolics
This lovely age to be driven

Teachers- parents, jointly do venture
To make children stress free
Helping them enjoy this age
Such is to you our world's Plea
Such is to you our world's Plea

Faded Love -Nishtha Lavania

Your whispers still linger in air,
A bitter memory of all the fake promises you made
You were always around crawling beneath my skin
But oh I wish you were never there!

Blinded In love I committed some sins,
Mistakes that can't be undone
But boy you think you have your wins,
Let me remind you of what you have done!

Won my trust, to break it later
The echo of those shatters still jingles,
The explosive blow that created a crater
And the wound that still tingles

How convincing were you when you said you love
Could have never guessed it was all a facade
And once we were done it didn't take you a second to shove
It was all a game, what were the odds?

A touch that was comforting
I try to reach but fail to grasp,
You were always lurking
And now open sighted I gasp!

Your love was fading

In proportion to my anxiety that was mounting

As my steps were wading

I realized there was no longer a point of mourning!

One Dark Morning - Nishtha Mandaliya

One dark morning, it started to heavily rain
My eyes moved towards it in vain,
the poor little bud, aspiring to become a tree
Had no choice but just to plea,
To save its life from the fierce wind,
When all its friends' help bitterly disinclined.

I went past it, trying hard to forget its sorrow
While praying for some help from the Alvaro
'cause I was getting late for my important day at job
No time for sympathy, as I look back with a slow jog.
But my heart ached as my conscience got disturbed,
A thought flashed - my work could be deferred,
I gently smiled and stooped down protecting the sprout
As the wind disappeared accepting a rout.
I heard the small sprout's teary gratitude
I simply smiled back justifying my rectitude.

Ah! The most beautiful day after a cloudy night
Which taught me what is right
My simple gesture of kindness
Filled the life of the bud with brightness!

Through - Ojas Raut

Through the winds,
through the lights,
through the waves,
through the sounds,
I see thy eyes, shining bright,
like the stars in the midnight.

The rhythm of life is alike sea,
what comes has to go,
 I sense the breeze of peace,
 strong and free.

Through the winds,
through the lights,
through the waves,
through the sounds,
I see thy eyes,
Reflecting love, reflecting life,
A mirror to the soul, so bright.

Yes…. sometimes ! - Om Dangare

Sometimes the night holds more than just the dark,

Sometimes unseen wounds make there many mark,

Sometimes the soul weeps very quietly deep,

Sometimes there is a lot of secret you have to keep.

Sometimes the spirit get fractured where there no scars have been,

Sometimes there is more waiting for you that you have never seen,

Sometimes you have to act happy inspite of going through the hell,

You have to show them that yes, I am pretty well.

Sometimes standing alone feels less lonely than in a crowd

Sometimes observing them feels you better than taking loud,

Sometimes sadness is the quiet guest at the table,

Sometimes the spirit fights as hard as it is able.

Sometimes dreams drip slowly like rain through the cracks,

Sometimes bad phase leads you to the best tracks,

Sometimes everything cries in you, except your eyes,

Sometimes courage is the mask that hides
the problems, like the cloud hides the skies ! !

The Holy Ganga - Sandhya Deshpande

The blessed mother descended down
To purify the ancestors of a sovereign
Pleased greatly by his severe penance
Obliged the king to flow on the terrain.

Undauntedly the king prayed the best Lord
Who allowed her to fall on his matted head
Humbled her, tying his locks within his fold
The mother thus enamored, forever settled.

The resolute king implored the great god
Who with compassion his mats unlocked
Letting the holy mother to flow manifold
To bless the king's kin who had departed.

Her journey across the mighty mountain
A sight that thrills and entrances everyone
She seems to be in great hurry to entertain
Her craving and famished children million.

She looses all her ferocity and the swiftness
On entering the hinterland of ancient plains
Spreads far and wide in sparkling expanse
For blessing all with her maternal embrace

Her very sight liberate the souls from cycle
That traps the spirit in the timeless scale

What to speak of a dip in her sacred waters
The chance for which crave the immortals.

Thus since ages past the kind mother sacred
Is constantly sanctifying this hallowed land
Accepting all our sins in her motherly fold
Grants solace to all seekers across the world

To the Crush Who Can Never Be Mine

- Shubham Shailendra Bam

I never planned to fall this way,
Yet here I am, with words to say.
Your smile, your charm, so hard to ignore,
But I know I'm not the one you adore.
Someday, you'll find the one meant to stay,
And I'll mend my heart as you walk away.

Acceptance - Simran Pandit

What if life had no series to share,
No struggles, no sorrow, no burdens to bear?
What if joy was the only shade,
And dreams came true without a blade?

But life is a path both rugged and sheer,
A tale of laughter, a tale of keep.
Acceptance—ohh, a lesson so vast,
Taught by time, in wounds that last.

First, I heard it in a gentle tone,
From my guide, my therapist alone.
A word so simple, yet hard to embrace,
Not until I met life face to face.

To accept is not to let pain slide,
But to feel the storm and stand inside.
To cry, to scream, to break, to fall,
Yet rise again, and embrace it all.

Grief is a wave that pulls you in,
The more you fight, the more you spin.
But let it wash, let it flow,
And watch the strength begin to grow.

I had a friend, a soul so true,
A bond unshaken, deep as blue.
Four years together, side by side,
Through darkest nights, the fiercest tide.

Not once were my flaws a sight,
To them, my scars shone in the light.
But fate had paths we couldn't bend,
And time took them, my dearest friend.

I knew it well, it was meant to be,
Yet the pain still swallowed me.
Tried to run, tried to hide,
But emotions swelled, an endless tide.

Then came the day, I broke apart,
A wound too deep, a shattered heart.
But in the wreckage, I found a key,
To let go, to heal, to set myself free.

Now I walk on fearless ground,
No longer lost, no longer bound.
Not shaped by voices, nor by past,
But by my own, strong and steadfast.

Life's a road with endless streams,
Horns and echoes, tangled dreams.
Yet it's our choice, the way we steer,
Through loss, through love, through pain and fear.

Acceptance is the sword we wield,
Not to forget, but to be healed.
Not to erase, but to move on,
With love intact, though they are gone.

No Matter What I Do, Mama, You Still Can't Read the Poetry I Wrote for You?

- Suhani Ingle

My mama always says,

"You have forgotten your poetry,

And these bookshelves are nothing

But stupid empty spaces,

Filling with your unwanted dreams."

What can I say now?

That my love poems have torn pages

From Emily Dickinson's verses,

Or that I still write poetry—

Just not in the way you want.

No matter what I do, Mama,

You no longer understand

That my tongue trembles when I speak,

For it has watched me Murder my poetry

Like an unmarked grave inside me.

So dear Mama,

I am the Shakespeare of forgotten books,

But do you know how many times

I have annotated my tears into the margins,

Because you could not find

My abandoned verses in the ruins of broken pages?

Poems are never comfortable.
They hide, they are uncertain,
They change moods,
Like stories pretending to be happy books.

Do you think that love has made me forget—
The books I devoured,
The poems I poured my soul into?
Has this ever crossed your mind,
How much heartache have I carved into every line?

And finally, dear Mama,
I am just glad—
That my poems despise the kind of love
That steals away my happiness.

SHORT STORIES

हिंदी

एक ही तारे से - अभिनव कुमार

भैया अगर माँ मरने के बाद तारा बन गई है तो क्या ये अनगिनत तारे बनने के लिए अनगिनत लोग मरे थे?"

विजय अपनी 11 साल की छोटी बहन से इस सवाल के लिए तैयार नहीं था उसे इस सवाल में राधिका का बचपना और समझदारी एक साथ दिख रही थी, क्योंकि मौत कोई आम चर्चा का विषय नहीं था जिस पर वो राधिका से बातें करता हो ...

उसने इस सवाल का जवाब एक छोटी सी दबी हुई हँसी से दिया।
"तो तुम मानती हो कि लोग मरने के बाद तारा बनते हैं।"

"हम्म, kind of"

"क्या मतलब kind of"

"मतलब कि हम सब और सब कुछ तारों से बने हैं ... बिग बैंग थ्योरी और बाकी सब ... "

विजय राधिका के इतनी छोटी उम्र में ये सब चीजों पर बातें करने पर थोड़ा चौंकता है, उसने बात आगे बढ़ाई, "अच्छा और फिर?"

"तो काफ़ी ज़ाहिर सी बात नहीं है कि हम सब फिर से तारों में समा जाएँ?"

विजय की आँखें चमक गईं और उसके चेहरे पर एक बड़ी सी मुस्कान आ गई, "अगर मान लो ऐसा होता है तो हमारा पूरा परिवार फिर से एक साथ आ जाएगा।"

तभी अचानक से घर के अंदर से उसके पापा की चिल्लाने की आवाज़

आती है।

"विजय! विजय! इतनी रात हो गई, बालकनी में खुद से बातें करना बंद करो और चुपचाप अंदर आकर सो।"

विजय बालकनी पर बिल्कुल अकेला खड़ा होकर तारों को देखता रहता है, और मायूस होकर चप्पल पहनकर ही बिस्तर पर सो जाता है- एक गुलाबी चप्पल जो विजय के पैरों से काफ़ी छोटी है, शायद किसी 9-10 साल के बच्चे की।

साइकिल -आदित्य पाटील

मध्यप्रदेश, जिला बुरहानपुर, ग्राम धामणगांव, सन ९३ में मेरा जन्म हुआ।
पिता किसान थे और दो छोटे भाइयों के साथ मिलकर खेती से अपना घर
चला रहे थे। दोनों चाचा अविवाहित थे और मैं घर का इकलौता चिराग। सब
ठीक ही चल रहा था की ९६ आते आते मेरे पिता के सामने एक गंभीर प्रश्न
खड़ा हो गया, वह था मेरी पढ़ाई का। मेरे दादाजी एक प्रगतिशील व्यक्ति थे
और ८९ में अपने देहांत से पहले आदेश दे गए थे की मेरे सारे पोते पोतिया
सिर्फ अंग्रेजी माध्यम में ही पढ़ेंगे। परन्तु गांव में न तो अंग्रेजी माध्यम की
स्कूल थी, और न ही शहर जाकर बसने का कोई पर्याय। ऐसे में मेरे पिता
ने अपने ३ साल के बच्चे को उनकी बड़ी बहन के घर, अकोला (महाराष्ट्र)
भेजने का एक साहसिक निर्णय लिया।

अब मैं तो कब पैदा हुआ, कब ३ साल का हुआ, और कब अकोला आ गया,
इसका मुझे कोई ध्यान नहीं. पर जब होश संभाला तो कोई मुझे क्लास रूम
में छोड़ रहा है. ऐसी कुछ धुंधली सी याद मेरे मन में है। यह मेरा नर्सरी का
साल था. इसमें मैंने ज्यादा कुछ तो नहीं सीखा लेकिन मुझे यह ज़रूर समझ
आया की इस संसार में माँ-बाप नाम की कोई चीज़ होती है। माँ-बाप सबके
होते है, वह अपने होते है. बाप वो होता है जो स्कूल छोड़ता है. और माँ वह
जो टिफ़िन बनती है. ऐसे कुछ नियम मेरे समझ में आये। इन्ही नियमो के
चलते मैंने अपनी बुआ और फूफाजी को ही अपने माँ-बाप समझ लिया था।
यह स्कूल हमारे घर के करीब ही थी और देखते-देखते मेरा नर्सरी का वह
साल खत्म हो गया।

कहानी आगे बढ़ाने से पहले ज़रूरी है की मैं आपको इस कहानी का भूगोल
समझा दूँ। अकोला में हमारा घर मुख्य शहर से करीब ५ किमी दूर 'उमरी'
नाम के एक छोटे से कसबे में था। घर में एक के बाद एक किसी रेल के
डिब्बों की तरह चार कमरे लगे हुए थे। घर में एक बड़ा सा आँगन और

उसमे एक छोटा सा बाग था। फूफाजी पेशे से डॉक्टर थे और उनका क्लिनिक शहर से विपरीत दिशा में लगभग ७-८ किमी दूर था। घर के पहले कमरे में फूफाजी की होम डिस्पेंसरी और आखिर कमरे में किचन था। इस घर में मैं अपनी बुआ, फूफाजी, और उनके दो बदमाश लड़के, जिन्हें मैं अपने ही सगे भाई समझता, के साथ रहता था।

नर्सरी खत्म हुई और अब KG-1 की बारी थी। फूफाजी मुझे पहले से बेहतर स्कूल में पढ़ाना चाहते थे। परन्तु सारे अच्छे स्कूल मुख्य शहर में थे। अब इसका एडमिशन शहर की स्कूल में करवा दिया तो इसे रोज़ छोड़ने कौन जायेगा ? यह प्रश्न उनके सामने खड़ा हुआ। हलाकि प्रश्न का हल भी जल्द ही मिल गया, पता चला की पास का ही एक जान-पहचान का आदमी, सुनील, रोज़ सुबह 'साइकिल' पर मुख्य शहर में अपनी ड्यूटी के लिए जाता है। समस्या हल हुई और मेरा एडमिशन 'जलाराम प्री-प्राइमरी इंग्लिश स्कूल' में करवा दिया गया सुनील से बातचीत करके महीने की एक रकम तय की गयी, उसका काम था मुझे अपने साथ साइकिल पर पीछे बैठाकर स्कूल ले जाना और सही सलामत वापस ले आना।

काले रंग की डंडे वाली एटलस साइकिल। उस साइकिल की हालत के बारे में कुछ बताना चाहूँ तो यही कहूंगा की उस साइकिल का एक पैर पहले से ही कब्र में था। अब रोज़ सुबह मैं तैयार होकर पिछली सीट पर बैठता, मेरा बस्ता सुनील अपने कंधे पर डालता और हम दोनों अपनी सैर पर निकल पड़ते। जहाँ तक मुझे याद है मैं कभी स्कूल जाते वक़्त नहीं रोया, क्युकी स्कूल से ज्यादा मुझे उस सफर में दिलचस्पी होती थी। मैं रोज़ आते-जाते अगल-बगल की हर एक दूकान और घर को बड़ी बारीकी से देखता, हर व्यक्ति की शकल को याद करने की कोशिश करता। हलाकि पूरा सफर मुझे अपनी गर्दन एक ओर से दूसरी ओर घूमना पड़ती,

क्युकी मेरे सामने सुनील की पीठ और उसके पिछवाड़े की बड़ी सी दिवार हुआ करती थी। पर खैर अब सुनील के सर पर बैठकर भी तो नहीं जा सकते।

यह पूरा सफर मेरे लिए किसी रोमांचक खेल की तरह हुआ करता था। रास्ते में कसाई की दूकान पड़ती थी, रोज़ सुबह जाते वक़्त मुझे उस दूकान पर एक कटा हुआ बकरा उल्टा लटका दिखाई देता, और वापसी में उसका कुछ हिस्सा गायब होता था। मैंने उन लटके बकरों का इतनी बारीकी से अभ्यास किया था, की हफ्ते के किस दिन बकरे का कितना हिस्सा गायब होगा इसका मुझे पहले से अंदाज़ा आ जाता। जैसे मंगलवार को बकरा लगभग ना के बराबर कटता, वही बुधवार को सिर्फ उसकी टाँगे मुझे नज़र आती। मेरा अंदाज़ा रोज़ सही होता देख मुझे खुदपर बहुत गर्व महसूस होता था। लेकिन इस रोमांचक खेल में मैं इतना घूम हो जाता की बैठे बैठे मेरा पैर साइकिल के पहिये में आ जाता था। यह किस्सा एक-दो बार नहीं कुल चार बार पेश आया।

हर बार जब भी मेरा पैर साइकिल के पहिये में फसता, मेरे लिए के एक दर्दनाक सफर की शुरुवात होती। मैं लगभग १५ दिन अपनी टूटी टांग हवा में उठाये बिस्तर पर लेटा रहता। कई लोग मुझे देखने और मिलने आते और 'इसका पैर हर बार कैसे पहिये में चला जाता है ?' जैसे विषयों पर चर्चा करते। इस बीच एक जोड़ा था जो मुझसे हर बार मिलने आता और दूसरों के मुकाबले कुछ अधिक ही प्यार करता था। इस दौरान मुझे शारीरिक पीड़ा से ज्यादा अपनी स्कूल मिस होने का ग़म रहता। अब इस किस्से में गलती तो मेरी ही थी पर मेरे नादान मन ने सारा दोष उस खटारा साइकिल पर डालना ही सही समझा, डेढ़ साल में ४ बार पैर तुड़वाने के बाद अब मुझे उस साइकिल से नफरत होने लगी थी।

कहते है न की ऊपर वाले के घर में देर है पर अंधेर नहीं। एक दिन किसी फ़रिश्ते ने आकर मेरे फूफाजी को बताया की मार्केट में साइकिल के डंडे पर लगाने वाली सीट आयी है. जिससे बच्चे डंडे पर बैठकर जा सकते है। अगले ही दिन उस खटारा साइकिल के डंडे पर मुझे एक चमकीली रंगीन सीट नज़र आयी। इसके दो फायदे हुए. एक तो अब मेरे पैर खतरे से बहार थे, दूसरी ओर अब मेरे सामने सुनील के पिछवाड़े की जगह पूरा खुला आसमान था। अब मैं एक ही समय पर दोनों ओर की दुकाने देखने का प्रयास करता और मेरी ख़ुशी का तो मानो कोई ठिकाना ही नहीं था। देखते-देखते KG -2 के बचे हुए ६ महीने खत्म हुए और गर्मियों की छुटियाँ शुरू हुई।

मैं अपनी छुट्टियों का आनंद ले रहा था, पर धामणगांव में हालात काफी तेज़ी से बदल रहे थे। अब घर का दूसरा चिराग, मेरा छोटा भाई ४ साल का हो चूका था, जिसे भी अंग्रेजी स्कूल में पढ़ाना था। दोनों चाचाओं की शादी होने को थी. और इस बीच पिताजी की आर्थिक हालत अब शहर जाकर बसने और कुछ व्यवसाय करने जैसी हो गयी थी। लगे हाथ मुझे वापस घर बुलाने का निर्णय भी लिया गया। ६ साल का होते होते मुझे काफी बातें समझने लगी थी। अब मेरा अकोला में टाइम खत्म और किसी बुरहानपुर नाम के शहर जाने की बातें मेरे कानों पर पड़ी।

इस बीच मुझे झटका तब लगा जब एहसास हुआ के जो जोड़ा मुझे हर बार मिलने आता और दूसरों से अधिक प्यार करता था. वह मेरे असली माँ-बाप है।

मेरे जाने की सारी तैयारियां हो चुकी थी। मैं फूफाजी की डिस्पेंसरी में बैठा खेल रहा था की अचानक सामने से सुनील आया। मैंने पहले कमरे से

आखरी कमरे में नाश्ता कर रहे फूफाजी को आवाज लगायी। फूफाजी और सुनील कुछ देर बैठे, सुनील असल में अपने पैसे मांगने आया था। फूफाजी ने सुनील को पैसे देते देते बताया की अब आदित्य उसके घर जाने वाला है। सुनील भी फुर्सत से आया था और फूफाजी भी गप्पे मरने के मूड में थे, दोनों ने इधर-उधर की बातें शुरू कर दी, जिसे मैं अपने खेल में व्यस्त नज़र अंदाज़ कर रहा था। लेकिन अचानक सुनील ने कुछ ऐसी बात कही की मेरे कान खड़े हो गए। कहता है "डॉक्टर साहब मैंने नयी साइकिल ले ली'। उसके मुँह से यह सुनकर सबसे पहले तो बहुत गुस्सा आया। मैंने सोचा चार बार मेरा पैर तोड़ने के बाद ही तूने नयी साइकिल लेनी थी'। पर मेरा गुस्सा एकदम से मर गया जब वह बोला, 'नयी साइकिल लेकर ही आपसे मिलने आया हूँ।

यह सुनकर तो अब मुझे उसकी नयी साइकिल देखनी ही थी, मैं सब छोड़कर साइकिल देखने के लिए खड़ा हो ही रहा था की किचन से मुझे बुआ ने नाश्ते के किये आवाज़ लगायी। बाहर जाऊ या अंदर, मन धर्म संकट में था। वह इसीलिए भी क्युकी मुझे बुआ की एक ही आवाज़ पर उसके पास जाने की आदत थी। मैं नहीं चाहता था की उसे दूसरी आवाज़ लगानी पड़े. और फिर मैं पूरी तेज़ी से भागा। अपने भागते क़दमों को रोक मैंने बुआ से पूछा "क्या". बुआ ने डाइनिंग टेबल पर राखी प्लेट की ओर इशारा किया, मैंने हड़बड़ी में बिना चबाये पोहे अपने छोटे से मुँह में भर लिए. और साइकिल देखने वापस डिस्पेंसरी की ओर दौड़ा।

पहले कमरे में पहुंचकर मैंने देखा की सुनील वहाँ से गायब था, मेरी धड़कन रफ़्तार पकड़ने लगी, मेरे कदमों ने वापस गति पकड़ी और मैं आँगन से दौड़ता हुआ घर के मैन गेट तक पंहुचा, बड़ी आस से जब बाई ओर देखा तो सन्नाटा था, पलक झपकते जैसे ही मैंने दाई तरफ देखा तब मुझे एक नीली

साइकिल का पहियाँ, सड़क के कोने से गुजरता हुआ दिखाई दिया। सुनील उसकी नयी साइकिल लेकर जा चूका था। अब मैं नंगे पाव सड़क पर दौड़ने लगा पर साइकिल के दर्शन न हुए। यह किस्सा जैसे मेरे दिल एक सुराख़ कर गया। मैं आज 24 साल बाद भी उस साइकिल को देखने की इच्छा रखता हूँ। कभी कभी सोचता हूँ की शायद मैं अपने खून का आखरी कतरा भी उस शख़्स को दे दूँ जो कोई मुझे दिखा दे वह 'साइकिल'।

व्हिस्पर बॉक्स - भारती चौधरी

कोई सोच भी नहीं सकता था की मेट्रो स्टेशन पर बना वो व्हिस्पर बॉक्स देव को इतना बेचैन कर देगा। की जो देव ऑफिस से सीधा मेट्रो स्टेशन और फिर घर जाता था। आज न जाने क्यों पुरे मेट्रो के चक्कर लगा रहा था, पागलो सा कभी भागता हुआ प्लेटफार्म 1 पर जाता और व्हिस्पर बॉक्स के आस पास लोगो के चेहरे गौर से देखने की कोशिश करता। तो कभी प्लेटफार्म 2 पर। ठण्ड के उस मौसम में भी पसीने से उसकी कमीज़ गीली हो चुकी थी। हार कर वो वहीं उस व्हिस्पर बॉक्स के पास बैठ गया...अपना सर दिवार से टिका कर जोरो से सासे लेते हुए अपनी पलके बंद कर दी....

1 महीने पहले.....

थकी आंखे, बिखरे बाल और झुके कंधो पर घर की जिम्मेदारी की चिंता लिए देव ऑफिस से घर जा रहा था, दिन भर की थकान और बॉस की डांट भीड़ की न समझ आने वाली भिनभिनाहट में चुभ सी रही थी, बस अब घर जाना चाहता था।

बिस्तर पर लेट आंखे बंद कर कुछ देर के लिए उन जिम्मेदारिओं को बगल में रख कर कुछ घंटो की चैन की नींद चाहिए थी उसे, "बस कुछ देर और....!" ये सोच देव सुकून भरी सांस ले ही रहा था की उसके बगल में एक लड़की जोर से चिल्लाई, "व्हिस्पर बॉक्स..."
"अरे वाह, हमारे शहर के मेट्रो स्टेशन पर भी...!!"
देव खिसया गया उस लड़की की चुभती आवाज सुन, पर क्या कर सकता था, मेट्रो के इंतज़ार में वही खड़ा हो गया, वही व्हिस्पर बॉक्स के पास।
उसी के पास खड़ी उन लड़कियों की आवाजे उसे सुनाई दे रही थी।
"व्च.. क्या इतनी पागल हो गई इसको देख कर..."
"अरे तुझे नहीं पता क्या, वो अभी एक नई मूवी आई है ना, उसमे ऐसा ही व्हिस्पर बॉक्स है, और उसमे लोग अपनी परेशानी या जो भी वो किसी से

शेयर नहीं कर पाते बस इसमें फुसफुसा कर चले जाते है...."

"अच्छा!! और उससे क्या होता है.."दूसरी लड़की अपने हाथ घड़ी करके बोली।

"म्च, तूने मूवी नहीं देखी क्या..." पहली लड़की चिढ़ गई।

"पूरी पागल है तू.... छोड़ इसे, और चल अब...." कह कर वो उसका हाथ पकड़ खींचती हुई ले गई और वो लड़की बार बार मुड़ कर व्हिस्पर बॉक्स को देखती रही, तब तक जब तक वो उसकी आँखों से ओझल नहीं हो गया।

देव ने एक नज़र उस बॉक्स को देखा पर फिर अपनी बाते उस बॉक्स में फुसफुसाने की बात दिमाग से झटक कर मेट्रो के इन्तजार पर कर दिया, और तभी मेट्रो भी आ गई....

अगले दिन भी देव उसी व्हिस्पर बॉक्स के बगल में खड़ा हो गया, वो देखता रहा लोग आकर उस बॉक्स में बने छेद में कुछ फुसफुसा कर चले जाते, देव बस उन सबको गौर से देखता रहा की कैसे बस कुछ दिल की बातें उस एक डिब्बे से सांझा करने पर ही लोगो के माथे पर बनी चिंता की रेखाएं मिट जा रही थी, अब देव रोज वही खड़ा होता और लोगो को अपनी बातें उस बॉक्स में फुसफुसाते देखता, पर कुछ दिनों में लोगो की तादात कम हो गई अब कुछ गिने चुने लोग ही उस व्हिस्पर बॉक्स में जा कर फुसफुसाते थे। पर देव अब भी अपनी हिम्मत न जुटा पाया और रोज की तरह मेट्रो के गेट से उसे एक टक ताकता.... जब तक मेट्रो वहां से चली न जाती....

ऐसे ही एक दिन किस्मत को कोसता हुआ वो रात के कुछ 10 बजे उसी प्लेटफार्म पर खड़ा था, आज बॉस ने उससे वक्त और पगार से ज्यादा काम करवा लिया था। 10 बजे कुछ इक्का दुक्का लोग ही थे वहां, देव आज

भी अपनी उस व्हिस्पर बॉक्स के बगल वाली जगह पर खड़ा था, दिमाग में ढेरो घूम रही बातों को सोचते हुए वो अपना पैर ज़मीं पर टपटप करता रहा।

"मुझसे नहीं हो रही ये जॉब, छोड़ देता हूं....अपना बिज़नेस शुरू करूँगा.... वैसे भी अपना ही बिज़नेस तो करना था मुझे शुरू से... छोड़ ही देता हु...." यही सब सोचते हुए उसकी तकलीफों का उबाल तेज हो गया और अपने परिवार का ध्यान आते ही आँखों में नमी बन कर तैर गया, तभी उसकी नज़र व्हिस्पर बॉक्स पर गई।

देव ने आस पास देखा कोई नहीं था, उसने जा कर व्हिस्पर बॉक्स के उस छेद का छोटा सा ढक्कन खोला, और जैसे ही कुछ फुसफुसाना चाहा उसे उसी छेद से किसी लड़की की आवाज आई,"मैं आज बहुत खुश हूं, जो सपने मैने देखे थे पुरे हो रहे है, ये वहीं सपने है जो मैंने कुछ सालो पहले देखे थे, और रोया करती थी ये सोच कर की सपने तो देख लिए पर पुरे होना नामुमकिन है, पर नहीं.. आज मैं समझ गई... अगर इतना बड़ा सपना भगवान ने मुझे दिखाया है तो उसे पूरा करने की हिम्मत भी दी है।"

देव चुप चाप सुनता रहा, पहले तो वो समझा नहीं की ये क्या हो रहा है पर सुनते सुनते उसे समझ आया की ये कोई लड़की हैं जो शायद किसी और व्हिस्पर बॉक्स में अपनी बाते साँझा कर रही हैं।

देव ने तुरंत मुड़ कर दूसरे प्लेटफार्म की तरफ देखा तो उसे एक लड़की जाती दिखी पर वो उसका चेहरा नहीं देख पाया, और तभी मेट्रो भी आ गई....

दूसरे दिन.....
रोज की तरह वो मेट्रो आया...

पर कल की तरह उसे देर नहीं हुई थी, आज भी वो अपनी जगह जा कर खड़ा हो गया ।

तभी उसने देखा दो लोग एक ही समय पर अलग अलग प्लेटफार्म पर व्हिस्पर बॉक्स में अपनी बाते कह रहे है, तो देव अपने आप को रोक नहीं पाया और अपने प्लेटफार्म के व्हिस्पर बॉक्स में बोल रहे उस आदमी से पूछा, "आपको उस प्लेटफार्म में व्हिस्पर बॉक्स में बोलते उस आदमी की आवाज आ रही है...?"

"नहीं.... ऐसा कैसे हो सकता है?..." वो आदमी बोला।

तो देव ने उस प्लेटफार्म पर देखा तो वो आदमी अब भी विसपर बॉक्स में बोल रहा था।

ये देख वो अपने प्लेटफार्म के व्हिस्पर बॉक्स में जा कर अपना कान उससे लगे खड़ा हो गया, पर उसे सच में कुछ सुनाई नहीं दे रहा था।

"क्या दिक्कत है यार..!" कहता हुआ उसके पास खड़ा आदमी चला गया, पर देव समझ नहीं पाया की कल उसे कैसे उस व्हिस्पर बॉक्स में बोल रही उस लड़की की आवाज सुनाई दे रही थी।

आज घर जाते वक्त उसके दिमाग में जॉब और घर की जिम्मेदारियों का ख्याल नहीं था, आज वो बस ये सोचे जा रहा था की उसे उस व्हिस्पर बॉक्स से आवाज कैसे आई, और वो लड़की कौन थी, क्या अब भी उस दिन की तरह खुश होगी, और क्या सपना होगा उसका जो पूरा हो रहा है..... यही सब सोचते हुए उसे आज जल्दी नींद आ गई।

सुबह उठा तो आज कई दिनों बाद उसे लगा की उसे नींद से सुकून मिला है।

"ओ ओ जाने जाना, ढूंढे तुझे दीवाना...." प्यार किया तो डरना क्या का ये गाना गुनगुनाते हुए वो बिस्तर से उठा और फुदकता नहाने चला गया।

वक्त पर ऑफिस पंहुचा और उत्साह के साथ अपनी डेस्क पर जा बैठा।

"क्यों भाई, आज की इस मुस्कान की वजह!" उसके एक सहकर्मी ने उस से पूछा।

और तभी देव को आभास हुआ की वो आज खुश है।

क्यों है....? पता नहीं... बस है!!

रोज की तरह आज भी बॉस की डांट खाई, पर आज उतना फर्क नहीं पड़ा, आज देर तक काम भी कराया उससे, पर उसे फर्क ही नहीं पड़ा, दिन भर कोई न कोई गाना गुनगुनाता हुआ काम करता रहा, वो खुद नहीं समझ पाया क्यों...

यही सोचता हुआ मेट्रो की तरफ घर के लिए निकला।

तभी उसे समझ आया।

"शायद उस दिन उस लड़की की बात सुन, मुझे उसकी बातो पर भरोसा हो गया है, हाँ वैसे अगर अपनी पिछली जिंदगी देखु तो, मुझे वो सब मिला है जो मई चाहता था, हां बस उस वक्त पर मिला जब मिलना लिखा था..." हां, शायद उसकी भविष्य को लेकर चिंताएं काम हो गई थी और यही वजह थी उसकी ख़ुशी की....

अब देव लगभग रोज ही ख़ुशी में चेहेकता जीने की कोशिश करने लगा, जब भी कुछ बुरा होता या किसी बात से उसे तकलीफ होती वो उस भारीपन को कागज पर लिख कर या अकेले में जी भर के रो कर मन

हल्का कर लेता, और फिर खुद से कहता,"आज का सैड टाइम खत्म, अब हम लाइफ के मजे लेंगे..."

आज... कुछ देर पहले...

आज भी वो ऑफिस से मेट्रो स्टेशन आया और बस अपनी जगह जा कर खड़ा हो गया, तभी उसने देखा वही लड़की आज भी व्हिस्पर बॉक्स में कुछ कहने जा रही रही है, ये देख देव जल्दी से व्हिस्पर बॉक्स के पास कान लगाए खड़ा हो गया।

"मुझे नहीं लगता कुछ सही होगा, शायद मैं खुद को बस दिलासा दे रही हु ये कह कर की एक दिन सब ठीक हो जायगा, सब अच्छा चल रहा होता है और फिर से सब बिगड़ जाता है , मैं थक चुकी हूं...मुझे अब और नहीं जीनी ऐसी जिंदगी...मुझे...अब और नहीं जीना..."

ये सुन देव तुरंत मुड़ा की उस प्लेटफार्म पर उस लड़की को देख पाए, पर तभी मेट्रो आ गई।

मेट्रो के जाते ही उसे लगा की शायद वो लड़की चली गई होगी, पर नहीं वो लड़की वही थकी आंखे लिए खड़ी थी।

ये देख देव तुरंत उस प्लेटफार्म पर जाने के लिए भगा।

देव जैसे ही उस प्लेटफार्म पर यानी प्लेटफार्म नंबर 2 पर पंहुचा तभी उसका ध्यान गया की वो लड़की लिफ्ट से ग्राउंड फ्लोर पर जा रही है।

ये देख देव भी वापस सीढ़ियों से निचे गया।

और वो लड़की उसे दूर खड़ी दिखी, ऐसा लग रहा था वो कुछ सोच रही

है, देव जल्दी जल्दी चलते हुए इसके पास जा रहा था इतने में ही उस लड़की ने कुछ सोचा और उस प्लेटफार्म नंबर 1 पर चली गई जहां से देव दूसरे प्लेटफार्म पर गया था, देव भागता हुआ उस प्लेटफार्म पर गया पर उसे वो लड़की कही दिखी ही नहीं, और वो उसे बार बार प्लेटफार्म बदल कर ढूंढने लगा और जब वो परेशान हो कर व्हिस्पर बॉक्स के पास बैठा, तो उसके दिमाग में आया की शायद वो चली गई होगी मेट्रो से किसी और स्टेशन पर या स्टेशन से बहार।

यही सोचते हुए उसने आंखे बंद कर ली और पीछे सिर टिका कर बैठ गया।

तभी उसे किसी लड़की की आवाज आई, "अब देख ली न तूने मूवी, अब बोल की ये व्हिस्पर बॉक्स स्पेशल नहीं है ..."

पहली लड़की बोली।

"वो फिल्म याद करू तो हां हैं, पर उस मूवी की तरह असल में थोड़े न होगा... वो तो कहानी है, और यहां ये व्हिस्पर बॉक्स उस फिल्म के प्रमोशन के लिए रखा है, अब असल में थोड़े न दोनों प्लेटफार्म पर व्हिस्पर बॉक्स में बोल रहे लोग एक दूसरे को सुन पायंगे.... है तो नकली ही न ये व्हिस्पर बॉक्स..." दूसरी लड़की ने कहा।

उनकी बात सुन देव उनके पास जा कर बोला," एक मिनट सुनिए !, उस मूवी की कहानी क्या है...?"

पहले तो वो दोनों लड़किया हैरान हो गई और चुप सी कभी एक दूसरे को देखती तो कभी देव को।

"प्लीज बताइये, नाम ही बता दीजिये मूवी का"

"मैं कहानी ही बता देती हूं..." ,पहली लड़की ने कहा और पूरी कहानी सुना दी, और देव विश्वाश नहीं कर पर रहा था ये बिलकुल वैसा ही था जैसा उसके साथ हुआ।

"और आखिर में वो लड़की हीरो को मिली ?" देव ने डरते हुए पूछा। लड़की हंस कर , " हां, ओफ़्कौर्से मिली...!"
"कहां?" देव ने तुरंत पूछा।
"मेट्रो स्टेशन के एग्जिट पर... सीढ़ियों पर बैठी मिली...!" लड़की ने कहा। ये सुन देव तुरंत मेट्रो स्टेशन के एग्जिट की और भागा...

और, उस फिल्म की कहानी की तरह वो लड़की वही थी सीढ़ियों पर बैठी अपना सिर गुठनो पर रखे अपनी बाहो से खुद को गले लगाए।

"सब ठीक हो जाएगा, और ये सच है कोई दिलासा नहीं जो तुम खुद को देती हो...!"

देव की आवाज सुन वो लड़की ने तुरत मुड़ कर उस ओर देखा, तो देव थोड़ी दूरी बना कर उस लड़की के बगल में आ कर सीढ़ियों पर बैठ गया।

वो लड़की बिना कुछ कहे सवाल भारी नजरो से उसे देख रही थी।

"आप मुझे नही जानती पर मैं आपको जनता हूं, और सच कहूं तो आपने मेरी जिंदगी ही बदल दी, वो दिन जो मैं मुश्किल से गुजार रहा था आज उन्हें जीते हुए गुजारता हूं, आपकी वजह से मुझे ये एहसास हुआ कि जिंदा तो रहना ही है तो उदास रह कर रहने से अच्छा खुशी से मजे में गुजारू... और आप सही थी हम जो सपने देखते हैं वो सच होते हैं... बस सही वक्त पर होते हैं..." देव बस बोलता गया।

"नहीं होते, बस लालच दिखा कर फिर से दुख ही देती है ख़ुशी..." उस लड़की ने कहा।

"अच्छा एक बात बताओ कुछ दिन पहले जब आप ख़ुशी ख़ुशी विस्पर बॉक्स में कह रही थी कि, सब अच्छा हो रहा है, आपने सोचा भी नहीं था की होगा, अगर ऐसा ना हो कर हमेशा से ही अच्छा हो रहा होता, तो क्या आप उतनी ही ख़ुश होती उस दिन...?" देव का सवाल सुन वो लड़की इस बात को सोचने लगी और तभी देव बोला, "इन कुछ दिनों में ये थोड़ा बहुत जी कर मैं ये समझा हूं कि दुख और खुशी जिंदगी जीने के लिए बराबर महत्तवपूर्ण है, इनके बिना जिंदगी हम जी ही नहीं... पाएंगे, आज आप दुख की वजह से जीना नहीं चाहती और अगर सिर्फ खुशी या अच्छा ही रहे तो जिंदगी से उबकर जीना नहीं चाहेगी.... तो उससे अच्छा दुख और खुशी दोनों को एहसास करते हुए जिंदगी जिए, दुख का दर्द भी होगा और दुख के बाद मिलने वाली अपार खुशी भी।"

कुछ पल देव की आँखों में देख उस लड़की ने कहा, "हां, वेसे आप सही तो कह रहे हैं..." और मुस्कुरा दी।

और बस दोनो हंस दिए।

"वैसे आपको मेरे बारे में इतना कैसे पता.." लड़की बोली।
तो देव ने पूरी कहानी सुना दी...
"मैं नहीं मानती..." वो हंसते हुए बोली।
"आपकी मर्जी...." देव ने कहा।

और ये थी एक नई दोस्ती की शुरुआत।

मुकम्मल - पल्लवी पांडे

"कितना कुछ छोड़ के जाना पड़ रहा है, मेरी बार, मेरे प्लांट्स। पता है, फाइकस को कितनी प्रूनिंग लगती है.......और लंदन में ठंड कितनी पड़ती है। इधर के वूलेन तो उधर किसी काम के नही। सोच रहे हैं कि इधर बस एक दो सेट ले । बाकी उधर ही खरीदेंगे।,"

धीर गम्भीर अखिल का उत्साह फोन से छन छन कर आ रहा था, पर कली उस में भीग नही पा रही थी। उस का हृदय फटा पड़ रहा था।

बड़ी देर बाद अखिल को बोध हुआ कि दूसरी ओर शान्ति थी। करती थी कभी कभी कली ऐसा.... एकदम चुप हो जाती थी, नही तो कितना चहकती है । थोड़ी लाउड है, पर दिल की साफ है। पूछो तो धीमे से कहती " आप को बोलते सुन रहे थे।"

ये सुन के अखिल का मन होता कि उस को बाहों में कस ले । बाहर से इतनी कठोर दिखती है, पर उस के लिए कितनी कोमल, कितनी मृदु। कितनी मुश्किल से उस को नाम से पुकारना शुरू किया था, "आप " फिर भी नही छूटा। "आप बड़े हैं, तुम बोलना ठीक नही लगता हमको।" और अंतरंग होने पर जब नाम लेती , तो उस में कितना अनुराग, कितना स्नेह।

अखिल :" अरे हो या फोन काट दिया? "
कली: " हैं ना "
अखिल : " तो कुछ बोलो भई, उतनी देर से हम ही बोल रहे हैं।"
कली: " क्या बोलें?"
अखिल: " कुछ भी......"
कली: " कुछ और भी छोड़ जा रहे हैं आप।"
अखिल कुछ कुछ समझ कर भी नासमझ बनता पूछ बैठा, "क्या?"

" हम को ", कली जो तरलता आंखों के रास्ते आना रोकना चाहती थी, वो बरबस उसके गले में उतर आई ।

" क्यों, लंदन में फोन नही चलते क्या? " अखिल ने छेड़ा।
" अलग अलग टाइम जोन में होंगे हम दोनों। कब बात करेंगे? "
" रोज़"
" मुश्किल होगा"
" तो नही जाते । बोल देंगे गर्लफ्रेंड ने मना किया है । "
" हां, जैसे बड़ी सुनते हैं हमारी ।"
" तो मान रही हो कि गर्लफ्रेंड हो ।"

कली एकदम सकपका गई। अखिल ऐसे ही उसे बातों में उलझा कर उस से सब उगलवा लेते थे। नही तो वो कभी इस सम्बन्ध के लिए न राजी होती।

अखिल उस से बारह बरस बड़े थे। बॉस के बॉस के बॉस । किसी के पति, किसी के पिता ।

कली उन से बारह बरस छोटी थी। किसी की पत्नी। किसी की मां।

करीब तीन साल पहले

कली को मार्च से कोई प्यार नही था। पढ़ाई के दिनों में मार्च में परीक्षा होती थी। पढ़ाई पूरी होते ही नौकरी लगी तो ऐसी कि मार्च में मरने की मोहलत न मिले। कली के विवाह की एक तिथि मार्च की निकली तो उस ने भावी पति को बोल दिया था, कलम भेज देंगे, उसके साथ फेरे ले लीजिएगा, हम न आ पाएंगे।

इस मार्च में भी कुछ खास अन्तर नहीं था। बेटी की परीक्षा और वार्षिक बंदी

की आपाधापी में बसन्ती बयार को सांस भर खींचने की भी फुर्सत नहीं थी उसे। पति सहयोग करते थे, पर यूनिवर्सिटी प्रोफेसर के लिए भी मार्च उतना ही कठिन था। इतनी सहूलियत थी कि उनका घर आने का समय निश्चित था। फेमिनिस्ट का लेबल नही पहनती थी कली, पर मन में पूर्ण आदर भाव था equal pay for equal work के लिए। उसे अपने घर परिवार की जिम्मेदारियां गिना कर छोटा नही करना चाहती थी।

साल का अन्तिम दिन, कॉफी के कई कप खाली करने के बाद दिन पूरा होने की प्रतीक्षा में बैठी थी। लैपटॉप पे लूप पर मिर्जा गालिब की गजल के धीमे सुर थे। अचानक सामने अखिल को देख कर अचकचा गई। ये इतनी देर तक क्यों रुके हैं? इतने सीनियर हैं। घर जा के आराम करते। डे एंड पर उनको फोन कर दिया जाता कि सब सकुशल संपन्न हो गया।

परन्तु ये अखिल की नेतृत्व शैली नही थी। १३० अधीनस्थ सहकर्मियों को पहले दिन ही बता दिया गया था कि ऑफिस में निरर्थक बैठने से बेहतर घर जाना है। और जब आवश्यक हो तो वरिष्ठतम भी साथ रुकेगा, मनोबल ऊंचा रखने के लिए ।

" तो तुम को भी जगजीत सिंह पसन्द हैं?"

कली को कुछ समय लगा उत्तर देने में। बचपन से नीरस काम वो संगीत के साथ निपटाती थी , और आज चोरी पकड़ी गई, वो भी सुप्रीमो द्वारा। अपने हाथ से अप्रेजल और प्रमोशन फिसलते दिखा उसे।

"सर, सब काम पूरा हो चुका है , ऑलमोस्ट। हेड ऑफिस से ग्रीन सिग्नल का वेट कर रहे हैं बस। "

" घर जाने का ग्रीन सिग्नल?", अखिल के होंठो के कोर पर मन्द स्मित था,

और आंखों में बदमाशी की चमक।

" येस सर, आई मीन, नो सर"। कली का सामान्य स्थित प्रज्ञा स्वभाव कही हवा हो गया था। सच कहे तो इंटर्नशिप के दिनों से एक नन्हा सा क्रश था उसको अखिल पर। इतने नीरस दफ्तर में भी उनके होने से एक चैतन्यता रहती थी।

" रिलैक्स, एंड कॉल मी अखिल ", बोल कर आगे बढ़ गए ।

रात के करीब ग्यारह बज गए निकलते निकलते। स्टेशन पास था,और पर्स में पास था। शहर कितना भी सुरक्षित हो, इतनी रात गए कैब के बनिस्बत उसको लोकल लेना ही उचित लगा।

"कैसे जाओगी? ", फिर बिग बॉस।
"लोकल लेंगे, सर ।"
"इतनी रात गए? हम छोड़ देते हैं।"
"आपको देर होगी, सर। एंड लोकल्स आर सेफ।"
"कोई देर नही होगी । कम, सिट। तुमको छोड़ के आगे निकल जाएंगे।"
"बबलू...?" ऑफिशियल ड्राइवर सबका चहेता था, पर आज तो ये खुद ड्राइव कर रहे हैं।
" उसको घर भेज दिया, क्या करता इतनी देर रुक कर। आ जाओ।
पच्चीस साल से ड्राइव कर रहे हैं। कभी एक स्क्रैच नही आया कार पे।"
सकुचा कर बैठ तो गई, पर कली को ग्लानि बोध मार रहा था। इंजिन स्टार्ट होते ही स्पीकर पर बज उठा
"आज जाने की जिद न करो....."

कली अक्सर सोचती, उस रात साथ न आई होती, क्या तब भी उसकी जीवन धारा ऐसे ही मुड़ती?

अखिल फरीदा खानम के साथ गुनगुना रहे थे। स्वर दबा था, पर तब भी स्पष्ट था कि महाशय कान सेन हैं, तान सेन नही। जब उखड़े सुर असह्य हो गए तो अचानक कली पूछ बैठी , " कौन सा एल्बम है? "

अठारह किलोमीटर संगीत चर्चा में बीत गए। दोनो की रुचि एक सी थी, सो वार्तालाप में संकोच की दीवार ढहते देर नही लगी।

घर करीब आया तो अखिल ने पूछा " रोज लोकल लेती हो, ड्राइव नही करती? अपने व्हीकल से एक इंडिपेंडेंस की फीलिंग रहती है ।"

"नही, सर। पहली बार स्कूटी चलाई तो एक्सिडेंट हो गया। मम्मी को किसी ने बोला कि ड्राइव करने से मृत्यु योग है। फिर विष की परीक्षा पी कर नही की ।" बोल तो गई, फिर सोचा कि अखिल उस को कितनी बौड़म, कितनी दकियानूस समझेंगे । पर उन्होंने हम्म बोल कर एकदम अप्रत्याशित पूछ लिया " सुबह हमारे साथ आ जाओ । ऑफिशियल कार रोज एक के लिए आती है। दो लोग आ जाएंगे। "

अब तक कली अपना प्रोफेशनल जिरह बख्तर चढ़ा चुकी थी, और हल्की सी मुस्कान के साथ " जी " बोल कर कार से उतर गई । इतनी रात गए औपचारिकता के लिए अखिल को घर बुलाना भी उचित नहीं लगा उसे।

अखिल औपचारिक नही थे ।अगले दिन घर से निकलने के समय ही ड्राइवर ने दरवाज़ा खटका दिया तो कली चौंक गई। पति नवीन ने प्रश्नसूचक दृष्टि उठाई तो उसने रात की बात दोहरा दी ।

नवीन सुलझे थे, बोले "ठीक ही तो है। प्रैक्टिकल और सस्टेनेबल। पर तुम समय से तैयार रहना। अव्वल तो तुम को सीनियर को पिक करना चाहिए, और देर तो हरगिज़ नहीं होनी चाहिए। "

उस को आंख के इशारे से पीछे बैठने को बोल कर अखिल अपने लैपटॉप से मुखातिब हो गए।

उस दिन से यही दिनचर्या। सुबह शान्त, जैसा कली चाहती थी। शाम को अगर अखिल किसी मीटिंग में न उलझे होते तो साथ लौटते। नही तो लोकल जिन्दाबाद।

परिचय था, घनिष्ठता नही थी। ड्राइवर साथ होता था सो ऑफिस का कौतूहल ज्वार उठा भी तो स्वयमेव शान्त हो गया । दोनो की आयु और पद में अन्तर कई अटकलों को जन्म दे सकता था , पर दोनो की स्वाभा-विक सौम्यता उस पर रोक लगाए रहती ।

उतनी ही जितनी आँच पर चढ़ी केतली का ढकना ।

अखिल और कली की पैदाइश एक शहर की थी, रुचियों में भी साम्य था । अखिल के लिए कली का आदर भाव तब और बढ़ गया जब उस ने जाना कि कैशोर्य में पिता को खोने के बाद कैसे अखिल ने अपनी शिक्षा पूरी की और इसी संस्था में इंटर्न से आरम्भ किया। जो इंटर्नशिप कली को ट्यूशन पढ़ कर मिली, वो अखिल ने ट्यूशन पढ़ा कर पाई थी ।

अखिल को कली की काम में दक्षता और परिवार के प्रति समर्पण, और दोनो में बिना शिकायत साम्य बिठाने के प्रयास देख कर उस के लिए एक रक्षात्मक भाव आ गया ।

" लगा , सो सगा "
" कल बर्थडे है हमारा। भूलिएगा नही।"

अखिल देर से फ़ोन स्क्रीन को देखे जा रहे थे । अजब लड़की है। बिना बताए निकल गई और इतनी रात गए मेसेज कर रही है, जब पूरा

ऑफिस जानता है कि सन्डे को वो न किसी को फोन करते हैं न जवाब देते हैं। छोटा सा सन्देश आशा से लबालब था। क्यों? उन को क्यों घनिष्ट मान बैठी है ? पर आज के सिवा तो कभी ऐसी आत्मीयता से नही कहा कुछ। पार्श्व में हो कर भी विलग। आँचल सम्भाले, घुंघराले बालों को पोनीटेल के अनुशासन में कसे ।

एक बार बोला था, हां, जिस दिन ड्राइवर छुट्टी पर था और अखिल बता रहे थे कि कैसे छोटे मोटे काम कर के भी उन्होंने अर्थशास्त्र में विश्व विद्यालय में स्वर्ण पदक पाया था। "आप हमे बहुत अच्छे लगते है।" अखिल सिहर गए थे। ऐसी अनुभूति तो बीस वर्ष पहले पायल के साथ हुई थी।

पायल, पत्नी, मित्र, सम वयस्क । अपने पिता से विरोध कर उनसे विवाह किया था। उनकी प्रतिभा की पारखी। उनके बेटे की मां। पति और पुत्र की महत्वाकांक्षा पोसते पोसते स्वयं अन्यमानस्क हो चली थी। परिचित उसे ट्रॉफी वाइफ बुलाते थे ।

और अब ये दस बारह वर्ष कनिष्ठ घनिष्ठ लग रही थी । बिरले कभी जब वो कोई मीठी चुहल करती, तो अखिल का मन अश्व ऐसे वर्ज्य रास्तों पर दौड़ पड़ता........

आज संयम की वल्गा शिथिल कर देना चाहते थे अखिल, और न चाहत भी, आधी रात टाइप कर बैठे " happy birthday, sweetheart "

रविवार, जन्मदिन की सुबह ये तीन शब्द कली को आकस्मिक लगे, अप्रिय नही । पूरा दिन शान्ति रही , पर रात फिर एक सन्देश " जो लिखा उस में कोई सन्देह नहीं है । तुम बहुत प्रिय हो । "

सोमवार सुबह कार में बगल में बैठी कली के हाथ पर जब अखिल ने काँपते हृदय से अपना हाथ रखा, और उस ने हाथ खींचने का कोई प्रयास

नहीं किया तो अखिल की वय से अनायास बीस वर्ष घट गए।

विवाहेतर सम्बन्धों को एक शब्द में परिभाषित करना हो तो सर्वाधिक उपयुक्त है " प्रतीक्षा "।

ऐसे सम्बन्ध कभी भी फोन घुमा कर " अरे, सुनो " कहने की सुविधा नहीं देते। परन्तु समाज की चौकन्नी नज़र और बढ़ती हृदयगति संभालते हुए एक मिनट बारह सेकंड के वार्तालाप में अलग ही माधुर्य होता है , अलग ही कोमलता । वर्जित फल का !

अपनी भावनाओं के सागर में डूबते उतराते अखिल और कली कोई अपवाद नहीं थे। मिलते रोज, बाते रोज, तब भी एक अव्यक्त शून्यता दोनो को घेरे रहती । इस संबंध की कोई सामाजिक वैधता नही थी । दोनो अपने अपने जीवन साथी से संतुष्ट ही थे । इस स्नेहबंध का लोभ छूटता न था । थोड़ा और ही मांगता था मन।

पंचगनी में सेमिनार के लिए कली ने जितनी मेहनत की उतनी अपनी प्रबन्धन की पदवी के लिए नहीं की थी । पदोन्नति के वर्ष में ये बहुत सहायक हो सकतीं थी । दो दिन के सेमिनार में उसके मेंटर अखिल थे, ये अलग विषय है ।

पंचगनी के बाद दोनों की अधीरता और बढ़ गई। वैसे भी विपरीत लिंग की मित्रता को कोई मात्र मित्रता मानता नहीं। उस पर कई सहकर्मियों का मानना था कि कली के अतिरिक , कई पुरुष इस अवसर के लिए बेहतर थे। कली का चुनाव मात्र स्त्रियों की बराबरी दर्शनि के लिए हुआ था।

और दिनों में कली ऐसे आरोप शांति से सुन न लेती, उलट पर्याप्त तर्कों के साथ अपने चुनाव को उचित ठहरा कर ही मानती। अब ऐसे विवाद उसे

व्यर्थ लगते थे । यदि स्त्री होने के कारण ही उसे दो दिन को स्वर्ग का सिंहासन मिला था, तो गर्व था उसे अपने नारी होने पर। पर सिंहासन छिनते देर नही लगी ।

अखिल का स्थानांतरण लंदन हो गया था। चर्चा थी कि उनकी पत्नी की इच्छा थी कि वे उधर ही बस जाएं। इंजीनियर बेटा जर्मनी में बसा था। कुछ तो उस के पास रहेंगे।

विदेश में पदभार पाने के लिए प्रतिभा और पहचान दोनो चाहिए। अखिल को भी काफी प्रयास के बाद यह सुयोग मिला था। और कली इन प्रयासों से पूर्णतया अनभिज्ञ थी। पूछने पर अखिल बोले "तुम्हारी आशाएं नही बढ़ाना चाहते थे।" कली निहाल हो गई , कितनी चिन्ता करते हैं हमारी।

जिस रात अखिल ने देश छोड़ा, कली ने रात के अन्धेरे में जॉन एलिया के शेर पर आठ आठ आँसू बहाए
ये मुझे चैन क्यूं नही पड़ता,
एक ही शख़्स था जहान में क्या

पहले कुछ महीने तो दोनो जल विरहित मीन की तरह फोन के क्षीण सूत्र से बंधे रहे, फिर वही हुआ जो सुदूर सम्बन्धों की नियति है। अखिल का पाँच साल का प्रवास पूर्ण होने तक दोनो के सम्बन्ध पदोन्नति, त्योहार और जन्म दिन की शुभकामनाओं तक सीमित रह गए थे । वो तीनेक साल का सोने सा समय कली को सुखद स्वप्न सा लगता । अखिल के कार्यालय अनुभव को भी आत्मसात किया था उसने । उस की प्रगति का परोक्ष रूप से श्रेय वो अखिल को देती थी, इसीलिए बढ़ते बढ़ते जब वो अखिल की कुर्सी पे बैठी तो उसकी कार्यशैली में उसके अध्ययन और अखिल की व्यावहारिकता का मिश्रण था।

उस शाम कली के फोन पर लंडन के अंक चमके तो कली का आश्चर्य स्वाभाविक था। इनको कैसे पता चला कि हम फोन करने वाले थे।

"हेलो"
"कैसी हो ?" बैरीटोन आज भी वैसा था जैसा आठ वर्ष पूर्व वार्षिक बंदी की रात। कली की प्रतिक्रिया भी वैसी ही थी। अपनी बाहों के रोम उठते लगे।
"ठीक हूं। आप को फोन करने ही वाली थी।"
"अरे वाह , फ्रीक्वेंसी मैच करती है अपनी ।"
कली लजा सी गई ।

अखिल बोलते जा रहे थे " याद है न, पिछले साल बेटे की शादी हो गई?"

याद क्यों नहीं था, वैश्विक महामारी के बीच ऑफिस में आई सार्वजनिक पत्रिका के उत्तर में उसने चुन चुन कर उपहार भेजे थे। समय से पहुंचे इस लिए वितरक से देर रात तक निरंतर संपर्क रखा । सार्वजनिक औपचारिक धन्यवाद भी आया था ।

अखिल बोलते जा रहे थे " तो वो तो अपनी विदेशी पत्नी के साथ न्यू यॉर्क बसने जा रहा है। काफी कोशिश की हमने कि उधर ही पोस्टिंग मिल जाए पर बात कुछ बनी नही। बोल रहे हैं यंग ब्लड चाहिए । इतने साल बाहर काम करने के बाद शायद वापस भारत के वर्क कल्चर में रच बस ना पाएंगे। तो वॉलंटरी रिटायरमेंट ले कर अगले महीने आ रहे हैं तुम्हारे पास। सच कहें, आई एम डाइंग टु सी यू। पर तुम क्यों फोन करने वाली थीं?"

"हम को अगले महीने न्यू यॉर्क ऑफिस का सी ई ओ चार्ज लेना है।"

अँधेरी रात, 11 बजे के 37 मिनट, और अँधेरी स्टेशन, और साथ स्टेशन के एक अँधेरे कोने में बैठा एक अनजान, ख़ामोश आदमी, जिसकी ख़ामोशी में एक उजाला सा उबाल रहा था। इस उजाले का बाइस था एक रेडियो नुमा स्पीकर, जिसमे से किसी क़व्वाली के बजने की आवाज़ आ रही थी।

वो मुझसे इतनी दूर था, की न तो वो मुझे ठीक से नज़र आ रहा था, और ना ही मुझे, क़व्वाली के बोल ठीक से सुनाई दे रहे थे।

अगर कुछ सुनाई दे भी रहा था, तो वो था बस एक ही नाम, ख़्वाजा ग़रीब नवाज़। ये क़वाली उनपर बानी हज़ारों क़वालियों में से ही एक थी।

मैं भी पेशे से एक नग़मागर था, मगर मुझे ग़रीब को लोगों की शादियों के सिवा, या फिर ऐसेही कुछ और फंक्शनों के सिवा, कहीं और गाने का मौक़ा नहीं मिला।

वैसे मेरी भी हमेशा से एक दिली तमन्ना थी, की मैं भी ख़्वाजा की शान में एक क़सीदा कहूं और फिर उसे क़वाली की शक्ल दे कर अजमेर में उनकी दरगाह पर जाऊँ, और फिर इस क़वाली के ज़रिये मैं भी कुछ पलों की इबादत अता कर सकूँ, पर मुझे ज़िन्दगी ने कभी अजमेर तलक जाने का मौक़ा ही नहीं दिया।

मेरे बचपन से ही मेरे दादा ने मुझे ख़्वाजा ग़रीब नवाज़ का मुरीद हो जाने की राये दी। उनका कहना था की अगर वो मिल गए, तो तुम ख़ुदा को बस चंद क़दम ही दूर पाओगे। तुम ज़िन्दगी में उस मुक़ाम पर पहोंच जाओगे जहाँ पर तुम्हें ना ही किसी इंसान और ना ही किसी चीज़ की हसरत होगी। और अगर किसी चीज़ की हसरत होगी भी, तो क़ज़ा की होगी, मौत की होगी। तुमको ये समझ आ जायेगा की ज़िन्दगी कुछ और

नहीं, बस मौत का चेहरा थी, मौत की शुरुआत।

मैं अपने सूफी दादाजान के ख़याल में गुम ही था की तभी प्लेटफार्म पर ट्रेन आ गयी। उस दिन पहली बार मुझे मुंबई की लोकल में इतने काम लोग दिखे। मैं इतने काम लोगों में भी, चलती ट्रेन में झपट के चढ़ गया, और जहाँ पहली जगह दिखी वहां बैठ गया। ये मेरी एक आदती कसरत थी। मैं जब बैठा तो मैंने देखा की उस डब्बे में कोई और नहीं था। बस मैं था, और एक तन्हाई थी। मैंने एक दफ़ा थोड़ा आगे की तरफ़ देखा, और फिर थोड़ा पीछे मुड़कर पीछे की तरफ़ देखा, मगर डब्बे में कोई भी ना दिखा।

मैं बाहर से आया एक छोटे शहर का लड़का, थोड़ा डर सा गया था, पहली बार बम्बई में मैंने ख़ुद को इतना अकेला पाया। मगर सच कहूं तो डर के साथ साथ एक छोटी सी ख़ुशी भी थी मुझमें, मैंने पहली बार, इतने महीनों में, बम्बई में, ख़ुद को अकेला पाया !!

अब मेरे पास तकरीबन आधे घंटे थे, चर्चगेट आने तक। मैंने वैसे तो ऐसे मौकों पर अपनी अधूरी पढ़ी किताबें ख़त्म करता था, उस दिन भी मेरे पास कोई किताब थी ही, मगर उस दिन कुछ लिखने का फैसला किया। हाथ में क़लम उठाते ही मेरे दिमाग में पहला मिसरा आ गया ...

"मैं ना आ पाऊँ तो मेरे खवाजा, है दुआ तू ही आ मिले मुझको"

पहला मिसरा तो आ गया था, मगर अब दूसरे की ज़रूरत थी। क़ाफ़िया ढूँढ़ने में थोड़ा वक़्त लगा, मगर जैसे तैसे, पता नहीं कैसे,

दूसरा मिसरा भी मुझ तक आ चुका था।

"मैं ना आ पाऊँ तो मेरे छवाजा, है दुआ तू ही आ मिले मुझको,
तू जो आये तो तू मिले मुझको, तू मिले तो ख़ुदा मिले मुझको"

अब जब मेरे पास दोनों मिसरे आ ही चुके, तो मैंने सोचा क्यों न अब इनको धुन में भी बाँधा जाए। मैंने अपनी एक पुरानी रखी हुई धुन को अपने वौइस् रिकॉर्डर में से निकाला, और उस पर ही इन मिसरों को बाँध कर गाना शुरू किया।

मैंने अपनी धुन में ये मिसरे गाये, मगर दूसरी लाइन के आखिर तक आते आते ही मेरे कान में एक आवाज़ पड़ी, जिसकी वजह से मैं गाते गाते रुक गया और आख़िरी के बोल गा ही नहीं पाया। ये आवाज़ किसी और इंसान की थी, जिसने मेरे दूसरे मिसरे को ख़ुद ही बोल कर ख़त्म कर दिया। मुझे पहले तो लगा की ये एक वहम होगा, क्यूंकि एक तो डब्बा बिलकुल खली था, और अगर मान भी लिया जाए की कोई किसी स्टेशन पर चढ़ा भी होगा, और ये आवाज़ उसकी थी, तब भी उसको कैसे मालूम की मैंने क्या लिखा है ?

मैंने तेज़ी से इधर उधर देखा, और फिर पीछे पलट कर देखा, मगर मुझे फिरसे कोई नहीं दिखा। मैंने उस आवाज़ को बहम मान लिया और मैं आगे बढ़ गया। मैं फिरसे गाने जा ही रहा था की अचानक किसी ने कुछ कहा। "कहाँ से हो ?"

मैंने ये आवाज़ सुनी और मैं घबराहट में उठ खड़ा हुआ। मैंने आगे की ओर फिर किसी को ना पाया, पर अब कि जब मैं पीछे पलटा, तो मैंने देखा कि मेरी सीट के ठीक पीछे वाली सीट पर, एक बुढ़ा आदमी लेटा हुआ था। अब

मुझे समझ आया कि मुझे कोई दिख क्यों नहीं रहा था। मैं उसको देखने के बाद वापस अपनी जगह बैठ गया, मैंने उसके सवाल का जवाब नहीं दिया। थोड़ी सी ही देर में पीछे से फिर आवाज आई, 'कहाँ से हो ?'।

अब कि मैंने सोचा कि जवाब दे ही दिया जाए, वर्ना ये पीछा नहीं छोड़ेगा। मैं पीछे मुड़ा तो मैंने देखा कि अब वो लेटा नहीं हैं,

थोड़ा उपर उठ गया है, और खिड़की की तरफ़ टेक लेकर, अपने पैरों को सीट पर फैलाए बैठा हुआ है।

मैंने उसको जवाब दिया, 'लखनऊ'।

उसने जवाब में कहा, 'नहीं।'

ये जवाब ख़ुद में ही बहुत अजीब था, और साथ ही उसका हुलिया तो शायद उसके जवाब से भी ज़्यादा अजीब था। वो मुझे कुछ पागल सा लग रहा था, दर बा दर भटकने वाला। उसके माथे पर एक तिलक था, ब्राह्मण जैसा, मगर उसके चेहरे पर लम्बी, गोलायी में कटी हुई दाढ़ी भी थी, हम मुसलमानो जैसी। उसके सर पर एक बाल तक नहीं था, बौध लोग जैसा, और उसके गले से एक छोटे से क्रॉस का लॉकिट लटक रहा था, ईसाईयों की तरह। उसने अपने बदन पर एक गाढ़ा हरा कुर्ता पहना हुआ था, मगर वह अपने कंधे पर एक भगवा गमछा भी डाले हुए था। उसका हुलिया देख कर मेरे ज़हन में बस एक ही बात आई, 'एक में सब कैसे हो सकते हैं? ये यक़ीनन पागल ही है, इसको जो जहाँ मिला, इसने वो वहाँ से बटोर लिया"

उसके इस जवाब का मेरे पास कोई जवाब न था। उल्टा कुछ सवाल ही थे। पर मुझे जो इस जद्द ओ जेहेद से भरी ज़िन्दगी में कुछ सुकून के पल मिले थे,

जिसमें मैं कुछ अपने मन का कर सकता था, मैं उन पलों को किसी पागल पर ज़ाया नहीं करना चाहता था, तो मैंने कुछ नहीं कहा, और पलट कर अपने काम में लग गया।

पर कुछ ही लम्हों में फिर उसकी आवाज़ आई।
"कहाँ से हो ?! "

मैं अब थोड़ा सा भड़क गया, और मैंने पलट कर, एक तीखे लहजे में जवाब दिया "लखनऊ, बताया तो!"।

इस पर उसने फिर कहा, "नहीं, तुम किसी भी लखनऊ वखनऊ से नहीं हो।"

मुझे अब उस पागल बुढ़ के और भी ज़्यादा सनकी होने पर शक़ हुआ, मुझे वो 'उनमें' से लगा, तो फिर मैंने जवाब दिया, "हाँ हाँ, ग़लती हो गई, मैं लखनऊ से नहीं हूँ, लक्ष्मणपुर से हूँ, अब ठीक?"

इस जवाब पर वो बुड्ढा थोड़े से भड़के हुए लहजे में बोला, "नहीं !! ना तुम किसी लखनऊ से हो, और ना ही किसी लक्ष्मणपुर से !! "

तो मैंने तन्ज़िया लहजे में कहा "तो आप ही बता दीजिए महाराज? कहाँ से हूँ मैं?"

इस बात पर उसने अपने हाथ से आसमान की ओर इशारा कर दिया।

उसके इस जवाब पर मेरी बोलती थोड़ी बंद सी हो गई। उस बुड्ढे ने चाहे जितनी भी अजीब बात कही, इस बात में एक सच्चाई तो थी ही। उसने इशारा करने के बाद हाथ नीचे कर लिया और कुछ भी नहीं बोला, तो मैं भी

वापस पलट गया, और अपनी क़व्वाली में लग गया। मगर अब मेरा ध्यान थोड़ा भटक गया था। मैं ना चाहते हुए भी उस बुड्ढे के बारे में ही सोच रहा था। मेरे अंदर मुझे कहीं पर उससे और बात करने का भी मन कर रहा था, और कहीं पर उससे दूर रहने का भी, क्यूंकि बड़े शहरों में हर तरह के सनकी लोग होते हैं। क्या पता वह कोई चोर या लूटेरा निकले।

मैं अपना ध्यान उसपर से हटाने में सफ़ल होने ही वाला था कि तभी मेरा ध्यान थोड़ा वक़्त में पीछे गया। उसको मेरे अभी अभी लिखे अल्फ़ाज़ कैसे मालूम थे? उसने मेरी क़व्वाली को मुझसे पहले ही कैसे ख़त्म कर दिया? दरअसल मसला सिर्फ़ उसके मालूम होने का नहीं था, मसला मेरी अपनी अना का था, मेरे फ़न की और मेरी फ़नकारी की अना का था। "क्या मैं इतना नीसीखिया हूँ कि मेरे ताज़ा अल्फ़ाज़ कोई ऐसे ही पहचान गया?" ये बात मेरे ज़हन में मंडराने लगी। मुझसे ज़्यादा देर तक ऐसे रहा ना गया तो मैं ये बात पूछने के लिए पीछे मुड़ा। मैंने पीछे मुड़ते ही देखा कि अब वह बुढ़ा शख़्स मेरी पीठ के ठीक पीछे वाली सीट से उठकर, उसके सामने वाली सीट पर बैठ गया है। वह अपने ठीक सामने देख रहा था, और उसके ठीक सामने मैं ही था। मेरे पलटते ही मेरी और उसकी आँखें एक दूसरे से मिल गई।

मैंने उससे पूछा, 'तुमको कैसे मालूम था कि मैं मेरी क़व्वाली के आखिर में 'ख़ुदा मिले मुझ ..... ', उसने फिरसे मुझसे पहले मेरा मिसरा ख़त्म किया।

'हाँ, तुमको कैसे मालूम कि मैं इस पर ही ख़त्म करूँगा ?? '

'क्योंकि यही होता है। तुम फ़नकार समझते हो कि चार सुर लगाने से, चार अश'आर कहने से, ख़ुदा तुमको मिल जाएगा, जबकि हक़ बात कुछ और है।'

'क्या है हक़ बात?' मैंने हक़ बात जाननी चाही।

'कि उसे पाना कोई आम बात तोड़ी है। वो ना ही किसी राग से बहलता है, और ना ही किसी शेर पर दाद देता है, जब तक ये रागें, ये अश आर, जज़बात से खोकले रहेंगे, तब तक इनमें जितना भी तुक हो, ये जितने भी ख़ूबसूरत हों, सब बेकार हैं। उसे पाना, उसे समझना, बहुत मुश्किल है, और साथ ही बहुत ही आसान भी है।'

मेरे चेहरे से साफ़ ज़ाहिर था कि मुझे उसकी बात कुछ समझ नहीं आ रही थी।

उसने कहा 'नहीं समझोगे, क्योंकि अब तक एक छोटी सी बात नहीं समझे हो।'

'क्या?'

थोड़ी देर कुछ नहीं कहता है, और फिर, 'वो ख़ुदा है, कोई ख़ुदा सा नहीं।'

मैंने चिढ़कर कहा, 'अच्छा'? और तुमको कैसे मालूम क्या है ख़ुदा? तुम ख़ुदा को पहचानते हो? और अगर पहचानते भी हो तो कौनसे ख़ुदा को? तुम्हारे माथे वाले? या तुम्हारी दाढ़ी वाले? तुम्हारे गले के लॉकेट वाले या तुम्हारे कंधे वाले? हाँ ?! '

'हम्म, यही चिढ़ मचती है, जब ये पता चले, कि कुछ पता नहीं है।'

मैं इस बात पर और चिढ़ गया, मगर अपनी चिढ़न को छुपाने के लिए उल्टा उस आदमी का मज़ाक़ उड़ाने की इरादे से एक मुस्कुराहट दी, और कहा 'अब ख़ुदा के बारे में राह चलते दीवानें बताएंगें !! ' ये कहकर मैं वापस

पलट ही रहा था, कि तभी उसने कुछ और कहा, और मैं पलटते पलटते रुक गया।

'सिर्फ़ ख़ुदा के ही बारे में क्यों? ये दीवाना 'पिछली ईद' के बारे में भी सब बता सकता है।'

ये सुनकर मैं हक्का बक्का रह गया, और मैंने एक अजीब सी, डरी हुई हंसी के साथ पूछा, 'क्या .. क्या बता सकता है?'

'पिछली ईद' पर जो भी हुआ था, मैं उसके लिए बहुत शर्मसार हूँ। उन दिनों हमारे मोहल्ले में एक साम्प्रदायिक घटना घटी थी,

जिसकी वजह से हिन्द और मुसलमान के बीच का तनाव अपने उच्च स्तर पर था। ईद के दिन पता नहीं कैसे एक लड़ाई सी छिड़ गई। हमारे मोहल्ले में हिन्दओं की संख्या शायद उतनी ही थी जितनी पाकिस्तान में है, और अब और कम हो गई है। पूरे मोहल्ले में बस एक मंदिर था, जो मेरे घर के ठीक सामने था।

हमारे वालिद ने हमेशा हमें उस मंदिर की इज़्ज़त करना सिखाया था। हम पहले तो हिन्दओं के त्योहारों में मंदिर पर चढ़ावा भी चढ़ाते थे, मगर अब्बा के गुज़रने के बाद ये होना बंद हो गया, मगर फिर भी हमारे घर का हमारे हिन्द पड़ोसीयों से अच्छा नाता था। उस दिन दंगे की आग बहुत तेज़ जल रही थी। सारे हिन्द परिवार अपने मुसलमान पड़ोसियों के घर में छुप गए थे। मेरे घर में भी एक परिवार छुपा था। मैं और मेरा बड़ा भाई बाहर ही खड़े थे, जिससे कि अगर भीड़ आए तो हम उनको कहीं और भेज दें और घर में छुपे हुओं की हिफ़ाज़त कर सकें। कुछ वक़्त बाद भीड़ आई भी, और मंदिर के सामने खड़ी हो गई।

कुछ पागल हुए जवान लड़के मंदिर के अंदर घुस गए, और फिर मंदिर से पुजारी जी को बाहर निकाला गया। पुजारी जी बोहोत ही अच्छे इंसान थे। सब उनकी बोहोत ही इज़्ज़त करते थे। वो अक्सर मुझे रस्ते में रोक कर एक मुस्कुराहट के साथ प्रसाद दिया करते थे, पर आज पुजारी जी के चेहरे की वो मुस्कुराहट कहीं खो गई थी। वो नौजवान उनकी जान के भूखे बन गए थे, मगर तभी हमारे उधर के बुजुर्ग आए और पुजारी जी को बचा कर मंदिर के बगल वाले मकान में ले गए, और भड़के हुए जवानों को समझाने लगे। मगर इसका कोई भी फ़ायदा नहीं हुआ।

एक मौलवी जिसका नाम शकील था, वह इस वहशी झुंड़ का रहबर बना था। एक के बाद एक वह उन नौजवानों से भड़काऊ बात कह रहा था। इतने में ही किसीने मंदिर में आग लगा दी। मंदिर में आग लगनी शुरू ही हुई थी कि शकील एक ऊँची जगह पर चढ़ गया और भाषण देने लगा।

उसने बोहोत सी बातें की। उसने बताया कि कैसे मुसलमानों पर जुल्म किये गए, और कैसे हमेशा उनको दबाया गया। मैं तब बहुत नादान था। मेरे दिल में वेसे तो कभी नफ़रत नहीं थी हिन्दओं के लिए, मगर उस दिन पता नहीं क्या क्या कहा शकील ने कि मुझ में एक अजीब सा गुस्सा पनपने लगा। इतने में ही सारे नौजवानों ने जर्मी पर पड़े हुए पत्थर उठाए और 'अल्लाहुअकबर' के नारों के साथ जलते हुए मंदिर पर पत्थर बरसाने लगे। इन नौजवानों में मुझे मेरा एक बहुत ही ख़ास दोस्त एजाज़ भी दिखा। इतने में ही मेरा भाई मुझे घसीट कर पीछे ले गया, मगर पता नहीं मुझे क्या हुआ, मैंने उसके हाथ से अपना हाथ छुड़ाया और अपने दोस्त एजाज़ के पास जाकर मैं भी पत्थरबाज़ी करने लगा। मैंने अब तक दो तीन ही पत्थर मारे थे कि अचानक पुलिस की जीप की आवाज आई और सारी भीड़ भागने लगी। एजाज़ भी भाग गया। कुछ ही पल में सारे नौजवान गायब से हो गए।

मेरे हाथ में एक आखिरी पत्थर रह गया। पुलिस की जीप के वहां तक पहुंचने से पहले ही मैंने वो पत्थर बोहोत ज़ोर से मंदिर पर दे मारा, पर वो पत्थर मंदिर की दीवार से टकरा कर थोड़ी दूर ज़मीं पर जा गिरा। जब मैंने उस ज़मीन पड़े हुए पत्थर को देखा, तो मैंने उसके बग़ल में किसी के पैर देखे। मैंने ऊपर की ओर देखा तो वहां पुजारी जी थे, वो उस पत्थर को देख रहे थे, बिना कुछ कहे, एक दुखी चेहरे के साथ। फिर उन्होंने पत्थर से नज़र उठाई और मेरी ओर देखा।

कुछ देर तक हम दोनों बस एक दूसरे को यूं ही देखते रहे। इतने शोर और हल्ले में भी मेरे लिए सब कुछ खामोश सा हो गया था।

उतने में ही वहां पुलिस आ गई और मुझे मेरे भाई पकड़ कर घर के अंदर ले गए। मेरा नाम किसी भी 'एफ आई आर' में नहीं आया।

पुजारी जी ने भी मेरे बारे में किसी से कुछ नहीं कहा।

अब वह मंदिर फिर से बन चुका है, और भी अच्छा। पुजारी जी अब भी वहां हैं। कुछ दिन पहले जब मैं वापस घर गया था तब मुझको पहले की तरही पुजारी जी ने रास्ते में रोक कर एक मुस्कान के साथ प्रसाद दिया। उनके हावभाव में कुछ भी नहीं बदला था, मगर मेरी आंखें झुक गई थीं, और शायद अब जिंदगी भर उनके सामने यूं ही झुकी रहेंगी।

"मगर इस बात को ये बूढ़ा आदमी कैसे जान सकता है?" मेरे दिमाग़ में अब बस यही एक सवाल घूमने लगा।

जब मैंने उससे पूछा, "क्या ... क्या बता सकता है?"

तो फिर उसने जवाब में कहा, "वो जो तुमने दफ़्न कर दिया है, और वो भी इतनी गहराई के अंदर, कि जहाँ से ख़ुदा तक पहुंचना नामुमकिन है।"

अब मुझसे ज़रा भी रहा नहीं गया। मुझे कुछ गुस्सा जैसा आया और मैं अचानक खड़ा हो गया।

"ए !! पहेलियाँ मत सुलझाओ !! क्या हुआ था पिछली ईद को !! हाँ !!? "

ये कहते ही मैं गुस्से में उस आदमी के सामने वाली सीट पर बैठ गया।

"बोलो !! क्या हुआ था पिछली ईद पर ?? "

उसने जवाब में कहा, "मैं बोलूँ? या तुम्हें बोलना चाहिए किसी से ?? "

ये सुन कर मेरी आंखें धीरे धीरे नम होने लगीं। अब मेरे गुस्से में कुछ ग़म जैसा आने लगा। मेरे जोश में एक रुआसपन दखल देने लगा।

मैंने एक उदास और रुआसे लहजे में कहा, "किस से बोलना चाहिए?"

इस बात का उस आदमी की तरफ से कोई जवाब नहीं आया। वह एक दम ख़ामोशी से मुझे देखता रहा।

"बोलो ?! किस से बोलना चाहिए ???!! "

उसने कुछ ना कहा। उसका जवाब न देना मेरी हालत को और बदतर कर रहा था। मेरी आँखें अब नम नहीं रही थीं, बल्कि गीली हो गई थीं। मेरा चेहरा कुछ कांप सा रहा था। मैं बस उस आदमी से वो जवाब चाह रहा था, जो मुझे पहले से ही मालूम था।

इतने में ही अचानक मेरा फ़ोन बजने लगता है। मैं उसे जेब से निकाल कर देखता हूँ तो पता चलता है कि भाईजान की कॉल आई हुई है। मैं अपने आप को संभालता हूँ और अपने आँसू पोंछ कर कॉल उठाता हूँ।

"हैलो, जी भाईजान, सलाम वालेकुम"

"हाँ, असद, मैं अम्मी साथ पूजारी जी के घर आया हुआ हूँ .... जी अम्मी, जी, लो अम्मी से बात करो"

"हाँ बेटा असद, हम सब पूजारी जी के घर में आएं हुए हैं, उनकी बहुत तबियत ख़राब है, डॉक्टरों ने भी जवाब दे दिया है, एक बार तुम भी बात करलो उनसे ... तुम जब पेट में थे ना, तब मेरी बहुत तबियत ख़राब हो गई थी एक दिन, तब ना ही तुम्हारे अब्बु थे घर पर, और ना ही कोई और मरद, तब मुझे हस्पताल पूजारी जी ने ही पहुँचाया था। बेटा डॉक्टरों ने बोला था कि अगर मैं वक़्त पे ना पहुँचाई जाती तो तुम्हारी जान को भी ख़तरा था।"

जैसे जैसे अम्मी बोलती जा रही थीं, वैसे वैसे मैं रोता जा रहा था, मगर अपनी आवाज़ को दबाए हुए। ये होते हुए वह आदमी बस ख़ामोशी से देख रहा था।

"तो बेटा, एक आखिरी बार तुम भी बात करलो उनसे, ख़ुदा के बहुत ही नेक बंदे हैं पुजारी जी, उनका तेरे सर पर हमेशा से हाथ था, और मैं चाहती हूँ कि हमेशा रहे भी, लो, मैं उनको फ़ोन देती हूँ।"

इतने में ही अम्मी के बहुत तेज़ रफ़्तार में चलने की आवाज़ आने लगती है। शायद वह पुजारी जी से कुछ दूरी पर थी। वह बहुत तेज़ी से चल रही थी, मगर उनके क़दमों की रफ़्तार से ज़्यादा, मेरे दिल की धड़कनों की रफ़्तार मालूम हो रही थी। फिर वह चलते चलते रुकती हैं, और यूं लगता है कि साथ

ही मेरी धड़कनें भी रुक गईं।
"पुजारी जी, असद आपसे बात करना चाहता है।"

"हैलो"
ये 'हैलो' बहुत ही टूटी हुई आवाज़ में था। ऐसी आवाज़ जिसमें कोई जान ना बाक़ी थी। मुझे ये भी लग रहा था कि क्या पता पुजारी जी को मैं बाद भी हूँ या नहीं। क्या पता वह बात करने की हालत में है भी या नहीं।

मैंने कराहती हुई आवाज़ में जवाब दिया।
"नमस्ते पूजारी जी"
पूजारी जी ने एक बेजान आवाज़ में कहा, "बेटा असद, बहुत दिनों से मंदिर नहीं आए प्रसाद लेने?"
मैंने रोते हुए जवाब दिया, "जी पूजारी जी, मैं जल्द ही आऊंगा।"
"अरे बेटा रो मत, ये तो ज़िन्दगी का एकलौता सच है, ये दिन तो आना ही था"

मैं कुछ लम्हों के लिए चुप रहा। मेरे अंदर एक सैलाब आ रहा था, मैं बस फूट फूट के रोना चाहता था, और पूजारी जी से माफ़ी मांगना चाहता था। और ऐसा ही हुआ। मेरा अंदर का सैलाब फट के बाहर आ गया और मैं और रोने लगा और पूजारी जी से माफ़ी मांगने लगा।

"पूजारी जी! मुझे माफ़ कर दीजिये पूजारी जी !! उस दिन मुझसे बहुत बड़ी ग़लती हो गई !! मैं भटक गया था पूजारी जी !! मेरा मन करता है कि मैं अपने ये हांथ काट लूँ पूजारी जी !! मुझे माफ़ कर दीजिए पूजारी जी !! मुझे माफ़ कर दिजिए !!!! "

"माफ़ कर दिया बेटा ,... माफ़ कर दिया", उनकी आवाज़ से यूँ लगा कि ये कहते हुए उनके चेहरे पर एक मुस्कुराहट सी थी, उनकी बेजान आवाज

में कुछ जान सी आ गई।

"नमस्ते बेटा, एक दिन फिर मिलेंगे" ये कहते ही फ़ोन कट गया।

मैंने फ़ोन नीचे रखा, और मैं थोड़ी देर आराम से रोया।

थोड़ी देर बाद ट्रेन फिर रुकी। मरीन लाइंस स्टेशन आ गया था। प्लेटफ़ॉर्म पे मैंने लोग देखे तो मैंने अपने आंसू पोंछ लिए। मुझे लगा कि अब लोग आएँगे उस खाली डिब्बे में, मगर अब कि बार भी इस डिब्बे में कोई ना चढ़ा। ट्रेन दोबारा चलदी।

मैंने सामने बैठे उस आदमी को देखा। वह बस मुझे ख़ामोशी से देख रहा था। मैंने दबे हुए लहजे में पूछा, "क्या आप कोई मौला हैं? कोई औलिया? कोई ख़्वाजा?"

"जो नाम तुम मुझे दे दोगे, मैं वह बन जाऊंगा"

इस जवाब को सुन कर मेरे रूआसे चेहरे पर एक छोटी सी मुस्कुराहट आई। मैंने इसके आगे कुछ ना कहा, और मैं चुप बैठा रहा।

थोड़ी ही देर में ट्रेन धीमी होने लगी, मतलब आखिरी स्टेशन, चर्चगेट आ गया था। ट्रेन धीमी हो ही रही थी, कि मैंने फिर से एक बार उस शख़्स को देखा, और मैंने बस उसके सामने अपना सर झुका लिया और हाथ जोड़ लिए।

मैं सर झुकाए हुए था कि तभी उन्होंने कहा, "अब ख़ुदा तुमसे बस चंद क़दम ही दूर है" उनके ये कहते ही मैंने सर उपर उठाया।

प्लेटफ़ॉर्म आ चुका था, बाहर खड़े लोग दिख रहे थे, गाड़ी धीमी हो रही थी, और लोग गाड़ी में कूदने को तैयार हो रहे थे।

मैंने अपना सर उठा कर उन्हें देखा, तो उन्होंने अपना हाथ थोड़ा ऊपर किया, हवा में, और दो उंगलियाँ बाहर निकाली। उन उंगलियों के बीच जब मैंने देखा, तो मैंने वहां ख़ुद को पाया। मैं किसी दरगाह जैसी जगह पर हारमोनियम बजाते हुए कुछ गा रहा था। मैं बहुत ख़ुश लग रहा था। मैं झूम रहा था, और बाक़ी लोग भी मेरे साथ झूम रहे थे। मैं कहीं खोया हुआ लग रहा था। और इस मंज़र को देख के मैं सच में भी उसमें खो गया। मैं अपने आप को देख ही रहा था कि तभी मुझे पीछे की ओर से एक ज़ोर का शोर आया। मेरा ध्यान हटा और मैं अचानक से पीछे मुड़ा, तो देखा कि गाड़ी रुक चुकी है, और लोग चिल्लाते हुए अंदर घुस रहे हैं। मुझे इन लोगों से कोई भी मतलब ना था। मुझे बस अपने आप को खोए हुए, झूमते हुए देखना था। मैं उन उंगलियों के बीच देखते देखते अपनी पूरी उम्र गुज़ार सकता था।

तो मैं पलटा, और हर कहानी की तरह इस कहानी में भी, वह शख़्स जो ज़िंदगी बदल देता है, चला गया, ग़ायब हो गया। मैं आज भी दरगाह में जब जब बैठता हूँ, और ख़ुदा की शान में गाना शुरू करता हूँ, तो आँखें बंद कर लेता हूँ। और फिर मेरी आँखों के सामने मैं ही होता हूँ, दो उंगलियों के बीच, खोया हुआ, झूमता हुआ, ख़ुशनुमा। वो दिन मेरी ज़िंदगी का सबसे क़ीमती दिन है। जिसे मैं भूले नहीं भूल सकता। उस दिन हुई हर एक बात को याद करके, मेरे दिल को बस ठंडक ही पहुँचती है।

मगर हाँ, एक सवाल है, जिसका जवाब दिल चाहता है। जिसका जवाब वो आदमी ही दे सकता है, और शायद पूजारी जी भी दे सकते हैं, जब भी मुझे वो अगली बार मिलेंगे, चेहरे पे मुस्कुराहट और हाथ में प्रसाद को लिए। वो ख़ुदा था? या कोई ख़ुदा-सा था ??

मराठी

मोगरा फुलला... - अंजली थोरात

एखद्या वर जिवापाड प्रेम कराव आपल सर्व र्वस्व त्याला मानाव आणि
तो व्यक्ती आयुष्यातून अचानकपणे निघून जावा काही न बोलता काही
न सांगता तेव्हा जो त्रास आणि जे दुःख मन भोगत ना ते शब्दांत मांडणे
पण कठीण जाते . मला सतत वाटायच या व्यक्ती पलीकडे आपले आयुष्य
असूच शकत नाही आणि हा व्यक्ती देखील आपल्याला सोडून कधी जाणार
नाही, पण आपण जसे विचार करतो तस नियती कधीच घडवून आणत नाही
आणि स्वतःच्या विचारात जगल्यामुळे आणि स्वतःच्या अपेक्षांमुळे वाट्याला
येतो तो म्हणजे फक्त विरह.... जसा चाफा असतो ना तसाच होता तोही
माझ्या आयुष्यात अगदी चाफ्याप्रमाने...

चाफा बोलेना चाफा चालेना
चाफा खंत करी काही केल्या फुलेना...
चाफ्याला त्या दोमोहे किती केल्या उमलेना
पाहता त्याला वाटे मजला तु आणि तो एकसमवे
तुही त्यासारखा माझ्या प्रेमात उमलेना...
खंत त्या चाफ्याची माझ्या मनाला डसते ही
किती प्रयत्न करता ही , माझ्याजवळ तुझा सुगंध काही केल्या दरवळेना....

याच ओळींप्रमाने तो माझ्या आयुष्यात होता आणि असाच निघून ही गेला.
आज इतकी वर्ष होऊन गेली तो निघून जाऊन तरीही मला तो आठवतो.
फरक इतकाच की फक्त मला आता तो नसल्याचा त्रास होत नाही , खर
तर त्रास तो निघून गेल्यावर ही झाला नाही कदाचित मी त्याच्या प्रेमात
पडले नव्हते म्हणून असेल..

माझ्या या बोलण्यावर बर्‍याच जणांना शंका येते की प्रेमात होते तर मनते मग
प्रेमात पडले नाही हे काय उद्धार बरे.

पण हे खरेच आहे प्रेमात पडणे आणि प्रेम करणे या दोन पुर्णपणे वेगळ्या गोष्टी आहेत. प्रेमात पडणारा वासनेच्या भोवर्यात सापडतो, एवढेच नाही तर भावनेच्या पुरात वाहून देखील जातो. नुसत प्रेम करणारा काठावर सुरक्षीत राहतो. जर प्रेमात पडल तर कधी पुढच्याने आपल्याला त्रास दिला तर त्याचा काटा काढायची इच्छा मनात येते पण प्रेम करणारा स्व:ला झालेला त्रास पुढच्याला होऊ नये असे मनात जपतो.

फक्त या सगळ्यात कधी एखादा व्यक्ती आयुष्यातून सुटला तर माणसाने स्व:ताला कोंढून घेऊ नये हे प्रत्येकाला समजायला हवे कारण स्वता:वर प्रेम करता करता माणूस शेवटी स्वता:च्या क्षुद्र सुख दुःखांचा कायमचा कैदी होऊन जातो. आजकाल सर्वांना वाटत आपल मन कुठे गुंतू द्यायच नाही, हे चालू जगाच तत्वज्ञान आहे. अलिप्तपणा हा सुखाचा राजमार्ग आहे असेच बरेच जण समजतात, पण हा राजरस्ता शेवटी जातो कुठे, ठाऊक आहे? भावनांच्या स्मशानात, जिथ एकही फुल फुलत नाही अशा वैरान वाळवंटात.

आता यात काही लोकं असही मानतात हे प्रेम वगैरे सगळ मिथ्या आहे माया आहे. या जगात केवळ एकच सत्य आहे ते म्हणजे ब्रम्ह. या विश्वाच्या मुळाशी असलेली शक्ती!

बाकी सर्व मिथ्या आहे.

पण मग जर सगळ्या गोष्टी मिथ्या आहेत माया आहेत तर काय जगण्यात येणारा आनंद ही खोटा आहे का? शरीर भंगुर असेल पण खोटे नाही, सुख दुःखाचे, प्रेमाचे उत्कट अनुभव पुसट होत असतील पण खोटे नाही. आणि प्रिती ही नेहमी फुलांप्रमाने असावी सर्वत्र सुगंध पसरवणारी प्रसन्नता देणारी जिच्या सहवासात मन आनंदीत रहाव आणि मनात एक सुगंधाच घर नक्की असाव.

वेलीवरच फुल कोणी तोडल आणि केसात माळल म्हणून फुलं नाराज होत नाहीत ते तिथही आनंदी राहतात आणि आनंद देतात. प्रिती नेहमी अशाच फुलांप्रमाने असावी सतत बहरणारी जिथ विरह हा कधीच नसावा.

गोष्टींमधला आनंद जिथ माणूस विसरतो तिथ तो कोमजतो. कोमजलेल्या फुलांच्या वेलीवरही पुन्हा नव्याने फुल उमलतात तसच माणसाचही असत त्यामुळे कधी कधी स्वत:कडे आणि आनंदाने पुढच्याला पाहिले तर मनातून उद्गार निघाले पाहिजेत की *मोगरा फुलला मोगरा फुलला.....*

मी हरवलो आहे - नरेंद्र लवाटे

पोलिस ट्रेनिंग सेंटर नाशिक येथे पदवी प्राप्त केलेल्या राजु घोडकेचा आज ड्युटीवरचा पहिलाच दिवस होता, पण त्याच्या कल्पनेप्रमाणे काहिही घडत नव्हत. त्याला यत्किंचितही कल्पना नव्हती की, तो आज ज्या प्रसंगाला सामोरा जाणार होता; तो प्रसंग आज पर्यंत कोणत्याही पोलीसवाल्याच्या आयुष्यात आलेला नसणार.

राजुच्या हतात आत्ता काहिही काम नव्हत, तो सोडून बाकी पोलिस डिपार्ट-मेंट बंदोबस्ताच्या कमात बुडले होते. जंगली महाराज रोड पोलिस चौकीत राजु सोडून फक्त दोन लेडी कॉन्स्टेबल होत्या.

राजु सिटी ऑफिस कडून आलेली 'कॉशन-नोट' अतिशय व्यवस्थित वाचत होता आणि तेवढ्यातच त्याला समोरुन आवाज आला.
"मी हरवलो आहे".

राजुने मान वरती उचलून बघितले, एक सात वर्षांचा लहान मुलगा, शाळेच्या युनिफॉर्ममध्ये, पाठीला दप्तर अडकवून, राजुच्या समोर उभा होता. राजुनी मुलाला वरती उचललं आणि समोरच्या खुर्चीत बसवून विचारलं "बाळ नाव काय तुझ?"

तो मुलगा उत्तरला 'अनंत वझे'
राजु, "आणि तुझ्या घरचा पत्ता माहिती आहे का?"
अनंता, "शनिवार पेठ, पुणे. पण मला माझ घरच सापडत नाहीये."
राजु, "तू कोणत्या शाळेत शिकतोस?"
"रमणबाग."
"तुझ्या बाबांचा फोन नंबर माहितीये का तुला?"
अनंता, "हो माहिती आहे, आमच्या घरचा नंबर आहे 223 25"
राजु, "अरे काहीतरी गडबड आहे, हा नंबर पाच आकडी आहे, सात आकडी

नंबर पाहिजे ...... सात आकडी."

अनंता, (काहिसा हट्टाने) "नाही हाच आमच्या घरचा नंबर आहे."

राजु, "बर ते जाऊदे तू कुठे राहतो? तुझ्या घरचा पत्ता पुन्हा एकदा पूर्ण सांग बरं मला."

अनंता, "अनंत विनायक वझे, जोशी वाडा, वर्तकी तपकिरीच्या कारखान्या समोर, शनिवार पेठ, पुणे-30."

राजु घोडकेने त्या लहान मुलाकडे नीट निरखून बघितले.

शाळा सुटल्यावर खांद्याला दप्तर तसेच ठेवून, युनिफॉर्ममध्ये असलेल्या या लहान मुलाचे दप्तर हल्ली अजिबातच न दिसणारे असे खाकी रंगाचे होते. अंगात रमणबाग शाळेचा युनिफॉर्म घातलेला होता, शर्टवर डेक्कन एज्यु केशन सोसायटी रमणबागेचा कापडी बॅच शिवलेला होता आणि पायात चामडी चप्पल घातलेल्या ह्या मुलाला बघून राजुला थोडं आश्चर्यच वाटलं. तरीपण राजु उठला त्याने त्या शाळकरी मुलाचा हात पकडला आणि त्याला म्हणाला, "चल मीच तुला तुझ्या घरी सोडतो."

राजुने अनंताला स्कूटर वर पुढे उभं केलं आणि तो निघाला. दोघं टू व्हीलरने बालगंधर्व पुलावरून वळसा घालून शनिवार मारुती चौकापर्यंत आले आणि तिथे थांबून राजुने छोट्या अनंताला विचारले "आता कसं जायचं बाळ?"

"आपण आलेलो बरोबर आहे, पण इथून पुढे माझं घर काही मला सापडत नाहीये, ह्या पुढच्या डाव्या गल्लीतून सरळ गेलं की डाव्या बाजुला आमचा वाडा आहे."

राजु घोडके पुण्याचा असल्याने त्याला वर्तकी तपकिरीचा पूर्वीचा कारखाना माहिती होता म्हणून तो तिथे जाऊन थांबला. 'वर्तकी तपकीर' लिहिलेल्या

मोठ्या बोर्डच्या खाली थांबून त्याने परत अनंताला विचारले.

"इथेच आहे का तुझ घर?"

अनंता, "हो याच्या समोरच माझं घर होतं पण आता इथे दिसतच नाहीये. समोर एका पाठोपाठ एक तीन बिल्डिंग होत्या.

राजुने बिल्डींग मधल्या वॉचमनला विचारलं "इथे विनायक वझे कुठे राहातात?"

वॉचमन नकारार्थी मान हालवत म्हणाला, "इथे कोणीही विनायक वझे राहात नाहीत."

राजु घोडके पूर्णतः बुचकळ्यात पडला आणि त्यानं आनंतला विचारलं.

"तुझे आई-बाबा कुठे नोकरी करतात का?"

अनंता, "हो माझे बाबा शिवाजीनगरला 'एलआयसी' मध्ये आहेत आणि आई 'हुजूरपागा' शाळेत शिक्षिका आहे."

राजु, "बर, आपण तुझ्या आईकडे जाऊयात आणि मी तिथेच तुला सोडतो."

अनंता, "हो चालेल माझी आई 'सरला वझे' लहान मुलांच्या हुजूरपागा शाळेत शिकवते."

राजु अनंतला घेऊन केळकर रस्ता ओलांडुन, लक्ष्मीरोड लगतच्या हजूरपा- गा शाळेत पोहोचला आणि थेट टीचर्स रूम गाठली. टेबलच्या एका टोकाला 4 शिक्षिका मोठमोठ्यांनी गप्पा मारत; डबा खात होत्या, तर दुसर्‍या टोकाला दोन शिक्षिका पेपर तपासत बसलेल्या होत्या. अनंताला घेउन राजु आत गेला, पण त्याच्याकडे कुणाचेच लक्ष नव्हते.

राजुने अनंताला दोन पेपर तपासणाऱ्या शिक्षिकांच्या मधल्या खुर्चिवर उभ केल. पेपर तपासणाऱ्या निकम बाईने रागान अनंता आणि राजुकडे बघितल, पण पोलिसी गणवेशातल्या राजुला बघुन ती ताड़कन उभी राहीली. इतर डब्बा खाणाऱ्या शिक्षिकाचा अवाज राजुला बघुन बंद झाला.

राजु, "घाबरण्याचे करण नाही, मी चौकशी करायला अलोय, तुमच्या शाळे- तल्या शिक्षिका 'सरला वझे' कुठे आहेत?"

"माफ करा पण 'सरला वझे' नावाच्या कोणत्याही शिक्षिका इथे शिकवत नाहीत"

हे ऐकल्यावर राजु खरोखर चक्रावून गेला. त्यान अनंतला खुर्ची वरुन खाली उतरवले. अनंताचा चेहेरा सुद्धा गोंधळलेला होता. पण एक शिपाई बाई, फाईल ठेवण्या साठी टिचर्स रूम मधे आल्या, राजुच संभाषण ऐकुन शिपाई बाईंनी विचारल.
"तुम्हाला वझे बाईबद्दल माहिती पाहिजे का?"
"वझे बाईंना रिटायर होऊन पंचवीस वर्षे झाली. पण बाकी जास्त काही त्यांच्या विषयी मला माहिती नाही."

राजु आणखीनच चक्रावून गेला आणि आनंताला त्याच्या बाबांकडे सोडायचे ठरवले, परत एकदा आपली ॲक्टिवा काढली, अनंताला घेऊन तो शनिवार वाड्या वरून पुढे शिवाजीनगर बस स्टँडला वळसा घालून एल.आय.सी.च्या रिजनल ऑफिस ला पोहोचला. अनंताला घेऊन दुसऱ्या मजल्यावर पर्सनल मॅनेजरच्या केबिन मध्ये गेला. पर्सनल मॅनेजर मकरंद अगाशे त्याच्या कॉम्प्युटरवर काही नोटीफिकेशन वाचण्यात गर्क होता.

राजु अनंताला घेउन त्याच्या ऑफिस मधे घुसुन त्याची परवानगी न घेता

त्याच्या समोरच्या खुर्ची मधे बसला. मकरंद गणवेशात आलेल्या राजुला बघुन जरा गांगरुन गेला. राजुने मकरंदचा चेहेरा बघितला आणि हसुन म्हणाला, "काळजीचे अजिबात कारण नाही, मला तुमच्या ऑफिसमध्ये काम करणाऱ्या विनायक वझे यांना भेटायचे आहे."

मकरंद आगाशे "विनायक वझे माझ्या डिपार्टमेंट मध्येच काम करतो, थांबा लगेचच बोलवतो' अस म्हणून मकरंद आगाशेनी विनायक ला बोलन घेतलं. अगदी दोनच मिनिटात विनायक वझे, मकरंद आगाशे च्या ऑफिस मध्ये आला. विनायकला बघून राजु अजूनच गोंधळून गेला, आता हा विनायक म्हणजे साधारण 22-23 वर्षाचा तरुण होता. त्याला बघताक्षणी अनंता म्हणाला "काका हे माझे बाबा नाहीत, माझे बाबा म्हणजे विनायक रामचंद्र वझे."

त्यावर हसून एल.आय.सी. मधला तो विनायक वझे म्हणाला "हो माझं नाव विनायक प्रभाकर वझे."

राजु "बहुतेक माझा काहीतरी गैरसमज झाला आहे"

राजुने त्या विनायक वझेचे आभार मानले, त्याला जायला सांगितलं आणि परत एकदा मकरंद आगाशेला विचारल. "तुमच्या डिव्हिजन मधल्या वझे आडणावाच्या सगळ्या कर्मचाऱ्यांचे फोटो मला आता बघता येतील का?"

क्षणाचाही विलंब न करता आपल्या कॉम्प्युटरचा मॉनिटर मकरंद आगाशे नी राजु आणि अनंताच्या दिशेने वळवला आणि एमप्लॉयी लिस्ट मधून सहा वझे आडनावाच्या गृहस्थांचे फोटो एकेक करुन दाखवायला सुरुवात केली, साही फोटो दाखवून झाले पण एकाही फोटोची ओळख अनंता कडून पटली नाही.

थोडक्यात निष्पन्न झाले की विनायक वझे 'एलआयसी' मध्ये काम करत नाहीत.

राजुच डोके बधीर झाले होते; शुन्य नजरेने राजु, मकरंद आगाशे कडे टक लावुन बघत होता. मकरंदला कसलीच कल्पना नव्हती, म्हणुन तो देखिल आश्चर्याने राजुकडे बघत होता. अनंताचा चेहरा पण गोंधळुन गेला होता. राजु काहिही न बोलता उठला, त्याने अनंताचा हात धरला आणि मकरंद आगाशेच्या ऑफिस मधुन बाहेर पडला. त्याच्या आयुष्यात अस सोप्प वाटणार, पण अतिशय अवघड कोड त्याला यापुर्वी कधीच पडल नव्हत.

नकळत त्याच्या लक्षात आले की सकाळपासून तो केवळ अर्धा कप चहावर होता. स्कूटर एल.आय.सी.च्या पार्किंग मध्येच ठेवुन तो अनंताला घेऊन हमरस्त्यावर बस स्टॉप च्या शेजारी असलेल्या चहाच्या टपरीवरगेला. एक चहा मागवला आणि चहाचा ग्लास हातात घेऊन चहाचा घोट घेणार इत क्यात त्याचा मोबाईल वाजला, फोन घेण्यासाठी त्यांनी काही क्षणा करता अनंताचा हात सोडला आणि फोन घेतला, फोन सावंत साहेबांचा होता पली कडून साहेबांनी बोलायला सुरुवात केली.

"तुझ्या बरोबरच चौघेजण आत्ता कॉन्फरन्स कॉल मध्ये आहेत, माझं बोलणं नीट ऐकून घे बंदोबस्ताच्या दृष्टीने मला काही महत्त्वाच्या सूचना करायच्या आहेत". दहा मिनिटात राजुचा कॉन्फरन्स कॉल संपला, राजुनी फोन खिशात ठेवला आणि अनंताचा हात पकडायला म्हणून त्याचा हात पुढे केला, तर छोटा अनंता तिथे नव्हताच. क्षणभर राजुला भ्रम झाल्यासारख वाटल.

आज सकाळपासून जो घटनाक्रम आपल्याभोवती घडतो आहे; तो खरंच घडतो आहे की नुसता आभास? नाही ...... दहा मिनिटांपूर्वी अनंता आपल्या बरोबर होता आणि आता त्याला शोधायलाच पाहिजे .....

राजु पळत-पळत उलट्या दिशेनी कृषी विद्यापीठ सिग्नल पर्यंत गेला तिथे पोलिसाला विचारलं, पण तिथल्या पोलिसानी असा शाळकरी मुलगा बघितलेला नाही हे कळल्यावर राजु माघारी वळला, मगाशी तो उभा असलेक्या बसस्टॉप मागच्या चहाच्या टपरीपाशी आला आणि नंतर तसाच पळत सिंग्नल ला वळसा घालुन शिवाजीनगर बस स्थानकावर गेला. बस बसस्थानकावर तोबा गर्दी होती.

राजु रस्त्याच्या मधोमध असलेल्या चौथऱ्यावर चढला आणि तिन-रस्ते जोडणाऱ्या त्या चौथऱ्यावरुन त्यान आलटून- पालटून तिनही रस्ते बारकाईने बघितले. पण त्याला अनंता काही दिसला नाही. अतिशय निराश होऊन राजु खाली उतरणार! तेवढ्यात त्याची नजर रेल्वे स्टेशन कडे गेली आणि त्याला गर्दीत छोट्या अनंताच्यादप्तराचं बक्कल बघितल्या सारखं वाटलं. राजुनी खाली उडी मारली, तो धावत रेल्वे स्टेशन पाशी गेला आणि त्याचा जीव भांड्यात पडला. छोटा अनंता रडत स्टेशनच्या पायरीवर बसला होता. राजुला बघताच क्षणी अनंताने पळत येऊन राजुच्या पायाला मिठी मारली.

राजुने अनंताला कडेवर उचलून घेतले आणि विचारलं ..... "अरे कुठे गेला होतास?"

त्यावर अनंतानी त्याच्या भाषेत राजुला सांगितलं ते असं.

राजुनी जेव्हा फोनवर बोलायला सुरुवात केली तेव्हा त्यांनी अनंताचा हात सोडला, अनंता नंतर एकटाच चहाच्या टपरी पुढे बस स्टॉन्ड लगत उभा होता. विद्यापीठाकडून दोन भरलेल्या बस तिथे येऊन थांबल्या आणि त्याच्यातून तीस-पस्तीस विद्यार्थी अचानक खाली उतरले आणि त्या घोळक्यात नकळत अनंता सामील झाला आणि त्याच घोळक्यात असलेल्या एका मुलाने अनंताला कडेवर उचलले, असे समजून की आपल्याच बस

मधल्या कोणाचातरी हा मुलगा असणार आणि त्यान शिवाजी नगरच्या दिशेने चालायलासुरुवात केली. पण त्या मुलाची पुढची विश्रांतवाडीला जाणारी बस मागून आल्याने, त्यांनी अनंताला तिथेच खाली उतरवून दिलं आणि तो त्याची दुसरी बस पकडायला म्हणून पळत गेला. इथे अनंता फुटपाथवर एकटाच राजुला शोधायला लागला, पण त्याला राजु काही केल्या दिसला नाही आणि राजुला शोधत; सगळे लोक ज्या दिशेने चालत होते त्या दिशेने त्यांनी चालायला सुरुवात केली आणि तो रेल्वे स्टेशनवर जाऊन पोहोचला.

राजु परत आनंतला घेऊन पोलीस स्टेशनला पोहोचला. दोन्ही कॉन्स्टेबल चहा पित बाहेर उभ्या होत्या, पोलिस स्टेशन मधे राजु आणि अनंता असे दोघेच होते. अजुन काहीतरी शोध घेण्यासाठी म्हणुन राजुन अनंताच्या दप्त रात हात घालुन एक पुस्तक बाहेर काढल. ते इयत्ता तिसरीचे बालभारतीचे पुस्तक होत.

राजुने भराभर पुस्तकाची पानं उलटायला सुरवात केली आणि पुस्तकाची किंमत बघितली, किम्मत होती १रु २५पैसे, पहिल्या पानावर आतल्या बाजूला लिहिलेल होत: प्रथमावृत्ती 1969, द्वितीय आवृत्ती 1970, त्रितिय चालु आवृत्ती 1971.

राजु डोळे विस्फारून त्या पुस्तकाकडे बघत होता, राजुने चार घोट पाणी प्यायले आणि अनंताला विचारले.
"मी तुला फार महत्त्वाच्या गोष्टी विचारणार आहे, मला तू त्याचं अगदी बरोबर उत्तर दे, तरच तुला तुझ्या आई-बाबांकडे जाता येईल."

"तुला तुझी जन्मतारीख माहिती आहे का?"

"हो माहितीये ना 15 फेब्रुवारी"

राजु "पण साल काय आहे?"

अनंता म्हणाला '15 फेब्रुवारी 64"

"क ... काय?"

"15 फेब्रुवारी 1964"

रडत अनंता परत तेच पुट्पुटला

राजु "बर ..... मला सांग आजची तारीख काय आहे?"

अनंता "आज ..... 26 ऑगस्ट"

"चूक आज आहे 4 सप्टेंबर आहे."

अनंता "नाही काका आज 26 ऑगस्टच आहे, आज गणपतीचा तिसरा दिवस आहे"

राजु "ठीक आहे, शाळेत जातोस ना तु, मग सांग बर सध्या साल कोणते चालू आहे?"

अनंता शांत पणे म्हणाला '1971'

राजुने आपल्या टेबलावरील कॉम्प्युटर चालू केला.

राजुने 1971 सालचे पंचांग कॉम्प्युटरवर उघडले आणि आश्चर्य म्हणजे 1971 साली गणेशोत्सवाचा 3रा दिवस 26 ऑगस्टलाच होता.

राजू "मला सुरुवातीपासून सांग, तू आज सकाळी शाळेत गेला मग तिथून पुढे काय केलं? आमच्या पोलीस चौकी पर्यंत कसा काय पोहोचला? सगळे सांग बर, ... एक एक करून सांग."

अनंताने संगायला सुरवात केली ...

"मी आज सकाळी नेहमीप्रमाणेच, म्हणजे प्रादेशिक बातम्या सुरू झाल्यावर शाळेत निघालो. हो प्रादेशिक बातम्या म्हणजे 'सुधा नरवणे' आपणास

प्रादेशिक बातम्या देत आहेत; त्या प्रादेशिक बातम्या. आमच्या शाळेत मोठ्या मुलांच्या लेझीम पथकाचा अर्धा दिवस सराव होता, म्हणून आम्हाला मधल्या सुट्टीनंतर सोडून दिलं म्हणुन मी आणि माझा मित्र शिरीष आम्ही पाताळेश्वर मंदिरात गेलो."

राजु अनंताला मधेच थांबवून म्हणाला ...... "का पाताळेश्वर मंदिरात का? घरी का नाही गेलास आणि तुझ्या आईला माहिती होतं का, तू पाताळेश्वर मंदिरात गेलायस म्हणून?"

"नाही .... तिथे आज दुपारी जिलबीचा खाऊ होता म्हणून मी आणि शिरीष आम्ही दोघ चालत पाताळेश्वरला गेलो. पताळेश्वर मंदिरात जिलबी खात असतानाच अचानक आमच्या शाळेचे मास्तर मला पायऱ्या उतरून येताना दिसले, म्हणून मी बाजूला बोगदा आहे ना, तिथे जाऊन एका दगडावर चढुन बसलो. तिथे बाजुला एक साधुबाबा डोळे मिटून बसले होते. त्या साधू बाबांनी डोळे उघडले आणि मला जोरात काहीतरी ओरडले. मी खाली पडलो, खुप मोठा उजेड माझ्या डोव्ल्यावर पडला, मी घट्ट डोळे मिटले आणि उठून डोळे उघडले तर ते साधूबाबा तिथे नव्हतेच. मी परत मंदिरात गेलो, शिरीष आणि मास्तर पण तिथे नव्हते. बाहेर आलो तर रस्ता पण वेगळा दिसायला लागला आणि रस्त्याने घरी गेलो तर मला घर पण सापडलंच नाही. माझ्या बाबांनी मला सांगितले होते, की गर्दीत रस्ता चुकला तर सरळ पोलीस स्टेशन मध्ये जायचं आणि त्यांना सांगायचं की, 'मी हरवलो आहे".

राजु घोडकेन पुन्हा कॉम्प्युटर सुरु केला त्याला 26 ऑगस्ट 1971चा केसरीचा अंक ऑनलाइन मिळाला. पाचव्या पानावर एक छोटीशी बातमी होती. "रमणबाग शाळेतला सात वर्षाचा विद्यार्थी 12 तास गायब. सकाळी साडेनऊला शाळेतून घरी यायला म्हणून निघालेला विद्यार्थी रात्री साडेनऊ

वाजता घरी परतला. मुलाने सांगितलेल्या अनाकलनीय माहितीची पोलीस चौकशी चालू आहे."

सब इन्स्पेक्टर राजु घोडकेचा डोळ्यावर विश्वासच बसत नव्हता आणि आपण जे वाचतो आहे ते खरं आहे की नाही याची खात्री होत नव्हती. पण हो, हा मुलगा पास्ट म्हणजे भुतकाळातुन मधून इथे आलेला होता ..... तब्बल 48 वर्षांनंतर.

पण त्या सात वर्षाच्या मुलाला हे सगळं अजिबात समजत नव्हत. 71 सालच्या पेपरमधल्या बातमी नुसार हा मुलगा बारा तासांनी परत 48 वर्ष पूर्व जाणार होता! पण तो कसा जाणार है राजुला अजून उलगडले नव्हते. परंतु पाताळेश्वराचा आणि ह्या मुलाचा इये येण्याचा काही तरी संबंध नक्की होता.

त्यामुळे क्षणाचाही विलंब न करता राजुने अनंताला उचललं आणि पाताळेश्वर मंदिर गाठलं. मंदिरात अजून कोणीही नव्हत, पण बाजूच्या बोगद्यात एक साधू पद्मासन घालून डोळे मिटून बसला होता. राजु आणि अनंताची चाहूल लागताच साधुबाबांनी डोळे उघडले आणि छोट्या अनंता- कडे बघून त्याने स्मितहास्य केले.

अनंता म्हणाला ..... "काका हेच ते साधू बाबा."

राजु घोडके काही बोलण्याच्या आतच साधूबाबांनी दोघांना जवळ येउन बसण्याची खूण केली, दोघेही साधुबाबां समोर बसल्यावर साधूबांबानी राजुशी बोलायला सुरवात केली.

"प्रारब्ध ...... तु ज्या अर्थी हया मुलाला इथे परत घेऊन आला आहेस त्या अर्थी तुला कल्पना आली असणारच."

राजू, "पण है सगळं कस काय?"

साधूबाबांनी बाजूला पडलेलं एक सदाफुलीचे फूल उचलले आणि ते सदाफुलीचे फूल राजुला दाखवत साधुबाबा म्हणाले.
"या फुलाला कशा पाच पाकव्व्या आहेत. त्याच प्रमाणे कालचक्राची पण पाच वलय आहेत. या फुलाच्या पाकव्व्या कशा मध्यात जोडलेल्या आहेत त्याप्रमाणे कालचक्राची वलय एकमेकांना एकाच बिंदूवर दर चार वर्षांनी जोडली जातात. याचा साक्षात्कार मला हिमालयात असताना झाला .... "

"12 राशि आणि 27 नक्षत्रात काल-वलय बांधलेली आहेत."

"हिमालयातील हनुमान टिंब्यावरील गुहा आणि पातळेश्वर गुहा, अशा दोनच ठिकाणी हि काल वलय भेदता येतात. म्हणजेच एका कालवलयातुन दुसर्या कालवलयात जाता येत. या मुलाची रास वृश्चिक आहे, तूळ राशी मधून वृश्चिक राशीत चंद्राचे भ्रमण चालू आहे आणि या बारा तासात तीन प्रहर असे येतात की जेव्हा कालचक्र भेदता येते."

"सकाळी हा मुलगा कालचक्राची सीमा ओलांडून 48 वर्ष भविष्यात आला."

"तेव्हा मी त्याला थांबवण्याचा प्रयत्न केला पण मला उशीर झाला होता. म्हणून दुसर्या प्रहराला कालचक्र ओलांडून मी इथे येऊन बसलो आहे. अजून वीस मिनिटांनी या आवर्तनातील कालचक्र भेदायची शेवटची संधी मिळेल. नाहीतर ती संधी ह्या मुलासाठी अजुन सहा महिन्यांनी येईल."

राजु साधुबाबाचे बोलणे ऐकुन थिजुन गेला होता. त्यान स्वतःला सावरल आणि आनंतला म्हणाला.......
"हे जे साधू बाबा आहेत ना हेच तुला तुझ्या घरी नेऊन सोडतील."

साधू बाबांनी आपल्या झोळीत हात घातला आणि एक छोटासा कागद आपल्या मुठीत धरला राजुला पुढे बोलावलं आणि तो कागद घडी करुन राजुच्या हातात दिला. "ह्यात काय लिहिल आहे ते इथून बाहेर पडल्या शिवाय बघू नकोस, हा कागद खिशात ठेवून दे."

साधूबाबा गुहेतल्या चौकोनी शिळेवर अनंताला मांडीवर घेऊन बसले. क्षणभर तिथे निःशब्द शांतता पसरली, वातावरणात आर्द्रता जाणवायला लागली आणि अचानक गुहेतल्या चौथर्‍याभोवती एक लख प्रकशझोत निर्माण झाला. तो प्रकाशझोत हळु हळु तीव्र होत गेला, दुरुन बघत अस-लेल्या राजुचे डोळे दिपून गेले आणि काही क्षणात प्रकाशाची तीव्रता कमी व्हायला लागली, कमी कमी होणार्‍या प्रकाशाबरोबर साधूबाबा आणि अनंता दोघेही चौथर्‍यावरुन नाहिसे झाले होते.

आता घडलेल्या घटनाक्रमावर राजुचा खरं तर विश्वासच बसत नव्हता, पण काही अविश्वसनीय अशा घटनांचा तो एकमेव साक्षीदार होता.

राजु पातळेश्वर गुहेतुन बाहेर आला खिशातून साधु बाबांनी दिलेली चिठ्ठी काढली, त्यात लिहिलं होतं, "चार सप्टेंबर या तारखेची तुझी डायरी वाच." राजू घरी आला त्यानी डायरी कपाटातून काढली आणि पानं उलगडायला सुरुवात केली. 4 सप्टेंबर 2019 चे पान उघडल्यावर राजु आश्चर्यचकित झाला!

डायरीतले ते पान पूर्ण भरलेलं होतं, पण त्याच्यातला 90% मचकूर राजुला वाचता येत नव्हता, कारण तो मचकूर मोडी भाषेत लिहिलेला होता आणि त्याच्या खाली इंग्रजी अक्षरात लिहिल होत.
"अनंत विनायक वझे" "लॉकीड मार्टिन" "व्हर्जीनिया, अमेरिका"

त्याच्या खालच्या ओळीत कोणत्यातरी स्थळाचा गुगल कॉर्डिनेट नमूद केला होता. दिवसभरात त्यांनी एका विलक्षण गोष्टीचा छडा लावला होता, पण 3 यक्षप्रश्न डायरीतून त्याच्याकडे आ-वासून बघत होते.

"ती" - श्वेता देशपांडे

"प्रभावित करणारी व्यक्ती" म्हणजे नक्की कशी? अशी एवढ्यामधून एक कशी शोधायची? कुठली निवडायची? मला भावलेली? त्या तर अनेक आहेत. मग माझ्यातून उमटलेली? पण ती काल्पनिक होईल. मग असामान्य असणारी पण सामान्यत्व बाळगणारी? त्या ही अनेक आहेत. मग सामान्य असूनही असामान्य असणारी? हां, अशी जिच्यावर कदाचित कोणत्याही कथा, कादंबरी, चित्रपट, नाटक घडणार नाही. हां, सापडली! तिच ती, 'ती'.

तिचं नाव ? ठाऊक नाही. ठाऊक असायला मी तिला कधी विचारलंही नाही. जन्म? तो देखील ठाऊक नाही. शिक्षणही ठाऊक नाही. वय साधारण २२ ते २३ वर्षे असावं. सध्या आपण तिला 'ती' असंच म्हणू. आमची ही तोंड ओळख फार तर आठवड्याची. तर, ही मी इयत्ता नववीत असतानाची घटना. उन्हाळ्याचे दिवस होते. माझा नुकताच एक क्लास संपला होता आणि दुसऱ्या क्लाससाठी मी निघाले होते. डोक्यावर प्रचंड ऊन, पाठीवर दप्तर. जर्मन हा विषय तसा नवीन होता त्यामुळे जाणं ही भागच होतं. तो दहा मिनिटांचा रस्ताही अगदी असह्य होत होता.

सावलीच्या गल्लीत वळताच मी डबा उघडला. आज पुन्हा तूप साखर पोळीची गुंडाळी होती. आईच्या मते ती पौष्टिक का काय असते म्हणे. मी काहीशी वैतागतच गुंडाळी तोंडात कोंबली, विचारातच गल्लीतून बाहेर पडले. तेवढ्यात, पाण्याचे शिंतोडे माझ्या अंगावर उडाले. मी वैतागून वळले. एक बाई आपल्या अडीच ते तीन वर्षाच्या मुलाचं तोंड धुत होती. उंचीला बुटकी, अंगावर फक्त म्हणण्यापुरती साडी, त्यावर एक शर्ट, डोक्याला फडकं आणि उन्हानं रापलेलं अंग.

"एवढ्या उन्हात इतकं मेहेनतीचं बांधकामाचं काम करायचं, तेही दिवसभर!" माझ्या मनात विचार आला.

तिने पार्ले-जी चा पुडा फोडून पोराच्या हातात दिला. त्याला झाडाखाली वाळूच्या ढिगावर बसवलं आणि कामाला निघून गेली. ते पोर त्या पार्ले-जी मध्येही खुश दिसत होतं. चालता चालता माझ्या डोक्यात विचार सुरु झाले.

वाटलं, "काही वर्षात ते मुलही अशाच ठिकाणी काम करताना दिसेल. यांना काय? जितके हात तितका रोजगार. आणि मग त्याची मानसिकताही ही अशीच होईल."

एक दोन दिवसांनी ती बाई पुन्हा त्याच झाडाखाली बसलेली दिसली. समोरून एक सात ते आठ वर्षांचा गणवेश घातलेला मुलगा तिच्या दिशेने चालत येत होता. तो दिसताच ती उठली, दप्तराला धरून त्याला जोरात ओढलं, एक धपाटा मारला आणि उशीरा येण्याबद्दल ओरडू लागली. त्याने दप्तर तसंच टाकलं आणि तो पळत बांधकामाच्या इमारतीत शिरला. तिने दप्तर उचलून झाडाखाली फेकलं. का? का करावं तिने असं? अर्ध्या दिवसाची रोजंदारी कमी मिळेल म्हणून? मला त्या मुलाची प्रचंड कीव आली.

"शाळा म्हणजे तरी काय? पोषण आहार मिळतो म्हणून पाठवायचं ठिकाण. पण त्यात फक्त एकाचा प्रश्न सुटतो, सगळ्यांसाठी मात्र ही रोजंदारीच कामी येते." हे कधीतरी वर्तमानपत्रात वाचलेलं आठवायला लागलं.

पुढचे काही दिवस येता जाता ती दिसतच होती. कधी काम करताना, कधी कोरडी भाकरी कशात तरी कुस्करून त्या पोराच्या तोंडात कोंबताना, कधी काखोटीला पोरला घेऊन त्याचं तोंड धुताना, तर कधी मोठ्या पोरामागे धावताना. त्या तिघांशिवाय कोणीच दिसलं नाही म्हणजे ते तिघेच असणार असा अंदाज मी बांधला.

तो क्लासचा शेवटचा दिवस होता. त्यानंतर परिक्षा आणि मग सुट्टी लागणार

होती. मला निघायला उशीर झालेला. नेहेमीप्रमाणे मी गल्लीत वळले, डब्यातला खाऊ कुरकुर न करता तोंडात कोंबला. गल्लीतून बाहेर पडे पर्यंतच भांडणाचा आवाज माझ्या कानावर पडला. तिच ती, 'ती' आपल्या मुलाला शिव्यांची लाखोली वाहत होती. मधून मधून पोरला एखादा धपाटाही घालत होती. त्याचे नाक, डोळे वाहत होते गणवेश फाटला होता. मला त्या बाईचा प्रचंड राग आला.

"शे- दिडशे रुपयांसाठी लोक या थराला जाऊ शकतात? ते ही एक आई असून सुद्धा?", हा विचार माझ्या डोक्यात आला आणि पुढच्याच क्षणाला एक वाक्य कानावर पडलं.

"तू कसा साळत जात नाई तेच बघते मी.", ती म्हणाली.

"मी जानार न्हाई", मुलगा तिच्यावर ओरडला.

"मंग काय? बापासारखा बेवडा हुन भीक मागत फिरनार का?"
ती सुद्धा ओरडली.

मला एकदम सुन्न व्हायला झालं. माझ्यामधल्या, माझ्या विचारांमधल्या अतिसामान्यत्वाची जाणीव करून देणारी 'ती' मला असामान्य भासली. मी तिला पाहिल्या क्षणापासून कधीच स्वस्थ बसलेलं पाहिलं नव्हतं, याची जाणीव मला झाली. पावलागणिक एक एक गोष्टी आठवू लागल्या आणि तेव्हा त्यांचे खरे अर्थ लागू लागले.

तिच्याकडे द्यायला तूप साखर पोळी नव्हती पण तिने त्यांना कधी उपाशी देखील ठेवलं नव्हतं. ती त्याला कामाला जुंपत नव्हती, फक्त त्याच्या टवाळ स्वभावाला ओळखून वेळेचा जाब विचारत होती इतकंच. स्वतःचं अंग

झाकायला पुरेशी साडी नसली तरी मुलाच्या अंगावर गणवेश घालणारी 'ती' तो गणवेश फाडणारी नक्कीच नसणार, याची मला जाणीव झाली. आला दिवस जगायचा अशा वातावरणात राहूनही 'ती' तिच्या मुलांच्या भविष्याचा विचार करत होती. बेताची परिस्थिती असूनही 'ती' मुलाला कामाला जुंपत नव्हती. स्वतः एवढं कष्टाचं काम करत असूनही 'ती' फोडलेला पुडा दोन मुलांत समान वाटून टाकत होती. एवढ्या लहान वयात 'ती' मातृत्व, पितृत्व व दातृत्व या सर्व भूमिका निभावत होती. त्या बदल्यात तिला काहीच मिळणारही नव्हतं. तिचं कुठे नाव किंवा कौतुक तर सोडाच पण साधी जाणीव ठेवली जाईल की नाही याचीही खात्री तिला नव्हती. तरीही घर, परिस्थिती आणि समाज बदलण्याचं सामर्थ्य ती बाळगत होती. माझ्याहून वयानी फार मोठी नक्कीच नव्हती 'ती' मग इतकी प्रगल्भता आली कुठून तिच्यात? त्या दिवशी बावीस, तेवीस वर्षांच्या त्या मुलीत मला एक परिपूर्ण आणि त्याही पलिकडे जाऊन एक सामर्थ्यवान व्यक्ती सापडली.

पुस्तकाच्या पानांआड.. - वैभव पाटील

एका लहानशा गावात राहणारा ओंकार, नेहमी आपल्या कल्पनांच्या जगात हरवलेला असायचा. चित्रकला आणि पुस्तकं हीच त्याची खरी मित्रमंडळी होती. गावातल्या इतर मुलांसारखा तो मैदानावर खेळत नसे, त्यामुळे बऱ्याचदा तो एकटा वाटायचा.

एके दिवशी, शाळेच्या ग्रंथालयात त्याला एक जुने पुस्तक सापडले. त्यावर धूळ साचली होती आणि पानं पिवळी पडली होती. उत्सुकतेने त्याने ते उघडलं, आणि त्याच्या आश्चर्याचा अंतच उरला नाही ,पुस्तकाच्या प्रत्येक पानावर नकाशांसारखी चित्रं होती. पण सर्वात विलक्षण गोष्ट म्हणजे, ती चित्रं हळूहळू हलू लागली!

जणू काही त्या पुस्तकात एक जिवंत जग होतं. तो जेव्हा पानं उलटायचा, तेव्हा एका अनोख्या दुनियेत पोहोचायचा. एका पानावर स्वच्छंदी आकाशात उडणारी माणसं होती, दुसऱ्या पानावर समुद्राखाली वसलेलं शहर! आणि तिसऱ्या पानावर... त्याचं स्वतःचं गाव! पण वेगळ्या रूपात तिथे सुंदर भिंती, भव्य रस्ते आणि एका कोपऱ्यात एक कलाकार आपल्या चित्रांत गावाचं सौंदर्य टिपत होता.

ओंकारला समजलं की त्याच्या गावाचं सौंदर्य त्याच्या नजरेआड राहिलं होतं. त्याने गावातल्या जुन्या, दुर्लक्षित भागांकडे पाहायला सुरुवात केली. तिथल्या भिंतींवर चित्रं काढायला सुरुवात केली. हळूहळू गावातील लोकांनी त्याच्या कलाकृतींमध्ये गावाचं हरवलेलं सौंदर्य पाहायला सुरुवात केली.

एक दिवस, गावातील वृद्ध पुस्तक विक्रेता त्याच्याकडे आला आणि म्हणाला, "बाळा, हे पुस्तक तुला तुझ्या दृष्टीकोनात बदल घडवण्यासाठी मिळालंय. प्रत्येक ठिकाणी सौंदर्य असतं, ते शोधायचं असतं."

ओंकारने हसून पुस्तकाचं शेवटचं पान उघडलं—

आणि त्यावर त्याचे स्वतःचे चित्र होतं, त्याच्या गावाला नव्याने सजवताना! त्या क्षणी त्याला समजलं की जादू बाहेर कुठे नाही, ती आपल्याच मनात असते.

The Silent Echo of Unspoken Love

\- Amgoth Mahalakshmi

I've spent hours wondering how to start this story. How to say something that's been lingering in my heart for so long, yet feels almost impossible to put into words. There are moments in life when you feel something, and you can't explain it. You don't even know why it's there, but it pulls at your soul. Have you ever felt something you couldn't explain? A feeling that lingers, quietly nudging you, even when you try to push it away? I've always wondered how something so small can have such a lasting impact. How the simplest of moments can shift the course of everything, even when we're not aware of it. It's strange, isn't it? That was me, I'm Mahi, a forensic student, someone who spends most of her days dissecting cases, piecing together clues, and trying to understand the minds behind the most complex mysteries. I've always been good at reading people, at noticing the things others miss—the subtle shifts in behavior, the quiet patterns in their words. My life is built on logic, on evidence, on facts. But there's one thing that my textbooks and lectures never prepared me for: the unpredictability of the heart.

The world moves at a pace that often leaves us breathless. The noise of it all—of deadlines, assignments, and life in general—blurs the moments that are most important, the ones we never expect to change us. But sometimes, just sometimes, fate whispers through the chaos, and in that instant, everything stops. The first time I saw him, it was like that. Everything stopped, even though I had no idea what I was about to feel.

It was on a regular day, as I was mindlessly scrolling through Instagram. My mind was elsewhere, distracted by the endless posts that filled the screen, until his face appeared. Abhi. A name, a face, a smile that struck me like a lightning bolt, leaving my heart pounding. It wasn't a love at first sight, not in the way people describe it. But it was something different, something quiet but undeniable. A connection, even if brief, that stayed with me. His face lingered in my mind long after I had closed the app. I couldn't quite explain it, but I knew—this was the beginning of something I couldn't ignore.

I had just started my first year of college, away from the comfort of home, in a city bustling with unfamiliarity. The campus was a maze of faces I couldn't remember, each day filled with new people and new places. But there was something about Abhi. Something about the way his picture was framed, the way his eyes seemed to carry stories I would never hear. It wasn't just the perfect smile or the sharp jawline. It was something deeper, something hidden in the quiet confidence he exuded.

Days passed, and I found myself returning to his profile, each time feeling that strange pull in my chest. I would scroll through his photos, his stories, catching glimpses of the life he was living— his accomplishments, his work as a doctor, his travels. I didn't know him, not really, but I felt like I did. Or at least, I imagined I did.

Then, one day, in the crowded campus courtyard, I saw him in person for the first time. My breath caught in my throat. There he was—just walking, unaware of the girl who had silently watched him for months. I don't know if he noticed me, but I could never stop noticing him. I didn't speak to him. I didn't even try. I just watched him, my heart racing.

I know how strange this sounds. How, at first, I tried to convince myself it was nothing more than an innocent crush. But the more I saw him, the more I realized this was something deeper, something more profound. It wasn't just about wanting to talk to him. It was about wanting to be near him, to share moments with him, to have a space in his life. My feelings weren't those of a typical crush. They were something that settled inside of me, deep and constant, like a river flowing silently beneath the surface, unnoticeable but powerful.

In the weeks that followed, I found excuses to be where he was. The library, the cafeteria— places where I could catch a glimpse of him, even if it was just for a second. But I never approached him. I never spoke to him. I was too scared, too unsure of myself. My heart was a delicate thing, and I wasn't sure if I could bear it breaking.

I spent months fighting with myself, torn between wanting to speak to him and fearing the rejection I knew would follow. He didn't even know I existed beyond the quiet observer of his
life.

And yet, my feelings didn't fade. Instead, they grew, deeper and deeper, until they consumed me. I could no longer keep them hidden. They started to shape my thoughts, to creep into my dreams. I imagined a life with him—walking through the streets of a new city, laughing over a cup of coffee, sitting in silence and knowing he understood me.

My heart would ache with the beauty of it all, but then the reality would come crashing in. It wasn't real. It could never be real.

Still, my heart couldn't stop itself from dreaming.

One day, I couldn't keep it inside anymore. I decided to confess. I wrote him a message, my fingers trembling as I typed. The words poured out of me, raw and honest. "Hey Abhi, I don't know if you'll ever read this, but I need to tell you something. I've loved you since the first time I saw you, and even now, I can't shake this feeling. I know it's probably silly, but I can't help myself. I think about you all the time. I dream of what it would be like to be with you, to travel together, to create memories. I don't know if you feel the same, but I had to tell you."

I stared at the message, my breath shallow, my hands shaking. The cursor blinked in front of me as if daring me to make a decision. Should I send it? Should I let him know what I had kept hidden for so long? Every part of me screamed to hit "send," to let him know everything I had kept buried. But fear held me back. What if he didn't feel the same? What if he laughed at me?

I hesitated for what felt like an eternity, until finally, my heart made the decision for me. I clicked the send button.

And waited.

The reply came quickly, almost too quickly. "I appreciate your honesty, Mahi. But I'm not interested in love or relationships right now. I'm focused on my work. I hope you understand." His words were kind, even gentle. But they shattered me in a way I wasn't prepared for. I had always known, deep down, that he didn't feel the same. But hearing it, reading it in black and white, was different. It was final. It was a door closed in my face, and there was nothing I could do to open it.

I sat there for hours, staring at the message, my heart sinking with every passing minute. I had hoped for something more, even if I knew better. But hope, like love, can make you blind to the truth. And now, I was left with nothing but the empty echo of my own feelings.

And yet, despite the rejection, despite the pain, I couldn't stop myself from dreaming. The fantasies didn't fade. In fact, they grew stronger, more vivid. I imagined what it would be like to travel with him—hand in hand, exploring new cities, watching sunsets together, laughing over small moments that only we would understand. I could see us in my mind, side by side, creating memories I would cherish forever.

But I kept it all inside. I didn't tell him about my dreams, my longing, the quiet love I had for him. I knew it was impossible, but I couldn't stop myself from hoping. I loved the idea of him, of us, even if it was never meant to be. I clung to those dreams because they were all I had left.

The years passed. I moved forward with my life, focused on my studies, on building a future for myself. But no matter how far I went, no matter how much I tried to move on, he was always there—in the corners of my mind, in the quiet spaces of my heart.

And then one day, I realized something important.

Sometimes, love doesn't need to be returned to be real. Sometimes, the most beautiful love is the one that remains unspoken, the one that lives quietly in the heart, without ever being shared.

My love for him may have been unrequited, but it was real. It was mine, and that was enough. It shaped me, made me who I am today. And though it will never be returned, it will always be a part of me.

I write this now, not for him, but for me. A story I've never shared with anyone. A love I've never spoken aloud. Maybe one day, he'll read it. Maybe one day, he'll understand. Or maybe, it will remain my secret. But whatever happens, this love—this quiet, constant love—will never fade.

You were the boy in my dreams, Abhi. And though you'll never know it, I was the girl who loved you, from afar, in silence.

And that will always be enough.

Cafe Between Worlds - Ashwini Sane

The small Café Kamikaze on the corner of Lajpat college had always been a haven for dreamers. Writers sat hunched over laptops, students flipped through textbooks, and strangers bonded over the rich aroma of roasted beans, the fragrance of spiced tea, the waft of fried finger chips and the sweet scent of vanilla pastries. It was a place where time seemed to slow down, where conversations felt like they belonged in stories.

For Raj, the café was more than a routine stop; it was an escape. Every day after college, he'd settle into
his usual corner seat by the window, order a masala chai, and let the hum of voices and the scent of
fresh colourful pastries, soft slather of maska on bun and hot samosas lull him into a state of peace. But
today was different.

Today, she was there.

She sat alone at the farthest table, by the old bookshelf no one paid attention to. She wasn't reading or scrolling through her phone or retouching her make -up. She was just staring—at him. Who was she?

Raj turned around to see if she was staring at someone else. She wasn't. Raj wasn't the kind of guy girls stared at. He wasn't bad-looking, but he wasn't remarkable either. Short styled hair, dark expressive eyes, and average height. He was just another chilled college guy, trying to get through the days finishing his engineering assignments. So why was this girl watching him like he was the most interesting thing in the room? Something about her was…off.

Her deep violet eyes, for one. He had never seen anyone with eyes that color. 'I don't think anyone in our country has such coloured eyes?' he thought. And her clothes— she wore an old-fashioned dress, layered and flowing, in deep blue and silver. Not exactly what people wore in the town.

'Do I go speak to her?' he thought 'Does she pick up guys and then swindles them? You never know nowadays', he wondered to himself. Raj hesitated before walking over. "Hey, uh… do I know you?"

The girl tilted her head and looked up at him dreamily and said, "Not yet."

"Okay…" Raj dragged out the word, unsure what to make of that. "Are you new around here? Are you from Lajpat college?"

She smiled faintly. "Not exactly."

'A cryptic answer. Great' he thought .He asked out of curiosity rather than anything else, "So, what brings you to this café, you are not even ordering anything?"

She glanced around the café, as if seeing it for the first time. "It's… a doorway."

Raj frowned. "A doorway to what?"

Her violet eyes locked onto his. "To you."

A chill ran down his spine. The way she said it—so calm, so certain—felt too intense for casual conversation.

"You are Raj, right?" she asked.

He nodded slowly. "How do you know that?"

She took a deep breath. "Because where I come from, you don't exist."

Raj should have walked away. The logical part of his brain screamed that she was just a weirdo playing games. But another part—the part that had always believed in the possibility of something more—kept him rooted in place. 'Why do I have to meet cute, weird and additionally psycho girls? Just my crappy luck but why does she look so familiar?' he wondered to himself.

"Okay," he said carefully. "Let's say I believe you. Where exactly do you come from?"

"A parallel dimension," she said. "It's similar to this world, but not the same. In my world, there's no Raj Bhat. But I think… I think you were supposed to exist there."

He let out a laugh, but it was nervous. "Yeah, sure. That makes perfect sense."

"I can prove it," she said, reaching into the pocket of her dress. She pulled out a small, silver pendant. It was shaped like an hourglass, but the sand inside didn't fall—it swirled in strange, unpredictable patterns. Raj felt an odd pull toward it. "What is that?"

"A time fragment," she said. "It lets me see glimpses of what should have been. And Raj—" she hesitated, as if struggling to say the words, "—something happened. In my world, something terrible happened to you before you were even born."

His throat went dry. "What are you talking about?"

She placed the pendant on the table between them. "I don't know everything. But I think… I think someone erased you."

Raj stared at her, waiting for the punch line. But she just looked at him, her expression raw and serious. "You're insane," he muttered, shoving his chair back wanting to get out of this situation.

"Wait!" She grabbed his wrist, her grip surprisingly strong. "Just—just let me show you."

Before he could react, she pressed the pendant into his palm.

The café disappeared.

Raj found himself standing in a different world. The sky was a deep shade of violet, with three moons hanging low in the sky. Tall, twisted trees with silver leaves surrounded him. He turned around—and nearly fell over.

A massive stone structure stood before him, glowing faintly with blue rocky cliffs. At the top of the staircase , a large wooden door with rust studs and iron knockers loomed. 'What in the world?' he said under his breath.

"Raj."

He spun to see the girl standing beside him. But she was different. She wore a navari sari on it what looked like battle armor. And in her hand was a curved electric sword.

"What is this?" he demanded astonished at her attire that was a mixture of modern and ancient.

She looked up at the fortress. "This is where they took you."

"Took me?" His heart pounded. "I don't—this isn't real."
"It is," she said softly. "You were meant to be here. In this world. But something happened. Someone erased you from this timeline and placed you in another, where you'd never know who you really were."

Raj shook his head. "No. That's impossible."

She stepped closer. "Then why do you recognize this place?"

He opened his mouth to deny it—but he couldn't. Because he did recognize it. The shape of the fortress, the way the wind howled through the trees… He had seen it before.

In dreams.

"You feel it, don't you?" she whispered. "The memories trying to come back?"

A sharp pain shot through his head. Images flashed in his mind—running through the silver forest, seeing stars and planets, landing on a hard ground flying a machine, holding a blade, fighting something dark and monstrous. A name echoed in his head, over and over.

'Ariya'.

His legs buckled, and he gasped for air.

The girl—Ariya—caught him. "It's okay. Just breathe. You are in shock."

Raj clutched his head. "What—what does this mean?"

"It means you don't belong in that café," she said. "You belong here. With me."

Raj jolted upright.

He was back in the café.

The tea cup in front of him was half-empty, his masala chai lukewarm. The sounds of laughter, clinking cups, and distant music filled the air. The literature festival at the café had started with the audience clapping the first prize for a poetry competition.

'Had he… imagined everything?' he thought. Shaking, he turned to the table where the girl had been.

Empty.

No pendant. No strange girl with violet eyes. Just an old bookshelf covered in dust.

'Had he fallen asleep? Had his mind created an elaborate dream? Did he hear a narrated story from the literature festival open mic and dreamt everything?', he wondered. Raj rubbed his temples. It had felt so real. The fortress, the pain, the name 'Ariya'…

Taking a deep breath, he grabbed his bag, closed his laptop and stood up. It didn't matter. It was just a dream. A weird, vivid dream. As he stepped outside, it was warm but he realized he had goose bumps on his arms. He pulled out his phone to check the time. The screen flickered. Then, for a brief second, a message appeared with no number assigned;

'Why did you leave? We lost the battle for water at SiriusX42A. Now we must fight for the last planet Shukr57B.

I will find you again.

Be ready.'

His heart missed a beat. He blinked. The message was gone. As he walked towards the station to the take the metro, deep inside him a memory stirred.

'I m ready' he told them through his mind.

The Dreamer's Crime - Divya Singh

As the warmth of sleep waned, gold Dream Dust clung to her eyelashes spread across her temples. A byproduct of her dreams, scattered across her pillow and hair. Nidra was glad to be awake, eyes darting across her room, she awoke careful not to make a further mess of the Dream Dust. The fine powder was invaluable, yet cursed currency. Collecting the Dream Dust, she swept the golden dust into a small envelope, ready to be destroyed by the incinerator as she left for the glass factory. Wearing denim overalls over her blue uniform, she brushed any remaining Dream Dust out of her hair and pocketed the change necessary for the bus ride to the factory.

The magical city was abuzz, buses and cars flooded the roads, animated glass billboards advertised the latest magical device or discovery. The latest was the discovery of indestructible lion hide, and how the Nemean Corps immediately rounded up every last one to stitch a dress for the Navibean dignitary visiting next week. Anger flared in Nidra's heart, of course, the Council would take something so magical and kill it. Navibea's plains traded grain in exchange for Caldrea's magical gemstones and glass. Of course, Nidra couldn't afford any magic gems. Pushing that thought aside, she boarded the crowded bus fueled by the energy produced by the Trendow dynasty.

Sitting right under the peak of the Opal Star they harvested its light as power; fueling the buses, cars, and high-speed trains reserved for Central City folk. Nidra remembered seeing one race past her as she traveled on a camel's back across the Trendowan desert. The purpose of the arduous journey on camelback was to get the blessings of the ancestors under the planet Upaqer. Nidra like her friends at the factory and other daily wage laborers walked across the desert or rode across the desert to reach the Trendow Valley, where Upaqer would be at its peak. Not everyone made it back.

The only reason she was able to afford the camel to begin with was by selling her Dream Dust on the black market. The blessed thing sold for 1,50,000 Teng a gram. Nidra didn't even know what to do with all that money, her salary alone was 1000 Teng a month. It seemed ridiculous, it was just her dreams, but for some, the buzzing Dream Dust was an addictive substance, putting them into a pleasant sleep with dreams. The rich Non-Dreamers craved the stuff. Paid enormous amounts for it until recently, some Non--Dreamers would pay for a Dreamer to keep harvesting their Dream Dust. The Supreme Council illegalized Dreamers a few years ago, claiming Dreamers were the root cause of all evil. Resisting progress, disrupting the status quo, and planning to overthrow the government, that's what Dreamers did. But Dream Dust remained invaluable all the same. And so, the Council persecuted Dreamers but kept a choice few alive. Those who came willingly were sent to the Harvest to produce Dust sold to the elite class of Caldrea.

But underground trafficking of Dreamers continued, making Nidra cautious about whom she sold her Dust to. If caught she'd be killed by the Council or worse, kept alive to harvest her Dream Dust. She'd scoff at the hypocrisy of it all, Dreamers were herded and enslaved, kept alive only for their Dust. All she ever dreamed of was freedom.

Perhaps a train ride across the desert. She dreamt of destroying the Council, or at least looking them in the eye, and telling them they were wrong. Of creating a world where she could just Dream.

Entering the Hambor Glass Factory, she took her place to blow glass, today's shipment was declared as a gift for the Navibean dignitaries coming to negotiate trade sanctions; Nidra put her heart into it all the same. Each glass vase was a shard of her whole heart. Rolling the vase in the crushed gemstone powder, she imbued each with a new, alluring color. Spilling midnight purple, stinging sunny orange, sharp frog green, or her favorite dragonfly pink. It broke her heart to place her dear vases, plates, and cups in straw to be shipped away.

Blowing her third vase of the shift, Nidra had settled into a nice rhythm, the glass warm under her gloves, but pliable, rising and falling to the shape of her choosing. Her choosing. Not the Council's, not the Peacekeeper's but her choosing. Savoring the little freedom glass blowing afforded her she set the vase down. A blaring siren rang across the factory floor. Despite the blistering furnace, her blood froze. Peacekeepers in blue uniforms marched across the floor; they didn't need to announce their presence, everyone already knew. Hunting down the Dreamers. Trying to calm her frenzied heart, Nidra consoled herself they're not here for you. They're not here for you. Her words were meaningless, the gloved hands of the Peacekeepers wound around her forearms. It all felt like a dream, no, it all felt like a nightmare. Half-walking, half-dragged, Nidra was escorted off the factory floor. Dazed and disoriented, she was led to a van, drenched in the sickly sweet odor of Nightlight lilies, a potent sedative. Fighting the sleep was pointless, giving in, she hoped for a dreamless sleep.

Her hopes failed. Flashes and visions stung her mind, like needles of ice, piercing the soft membrane of grey tissue. A woman. She'd never seen her before, appeared in her mind's eye: large brown eyes, and a long braid over one shoulder. A scar framed her left temple and cheekbone. She wore a green jacket with a mandarin collar and gold embroidery. She called her by her name. 'Nidra', she called to her, 'Don't be afraid. I'm a Dreamer too,' Those words struck her like lightning the storm of her fear. Another Dreamer? She echoed in her mind.

'I don't have much time. You'll meet Lieutenant Bohra. Where do the Dreamers come from? The Potar's Star,' Nidra's fear molded into a panicked confusion. Maybe the sedative was working too well, 'Where do the Dreamers come from? The Potar's Star,' the woman repeated. The Dream faded and Nidra was left to her usual nightmares. Of drowning in darkness, meeting ghosts with ambiguous faces and striking eyes. Of knowing her fated end, but not knowing where it would meet her.

A sharp smell, shot up her nostrils, piercing through her skull, ammonical and foul, her eyes watering as the smell of Nightlight lilies faded. The bitter taste of bile coated her mouth. Nidra felt like she was drowning in air, sour acid rising in her throat. She vomited on the linoleum floor. Disoriented, dazed, and on the verge of death, Nidra was reduced to pathetic weeping.

Realizing she was in a holding cell was beyond her. Hollow light illuminated an empty room. Magical green gems, mined from the Caldrean plateau, when subjected to high energy, created an impenetrable field, serving as the bars, holding her in the cell.

A Peacekeeper materialized in front of her cell. A number on a shiny plaque pinned to his uniform. Realizing her pathetic weeping didn't affect the Peacekeeper she surveyed him through her puffy eyes. A thick blue uniform with a white vest. A singular eye stared at her, unfeeling and cold, under his second eyelid was a gold orb, with a shining, blue gem, whirring and whistling.

"By law, you're a criminal. You will be presented before a Discipline Committee, and plead your case," Nodding lethargically, Nidra, rose slowly, not entirely ready for the battle, but knowing it wouldn't go away either. His grip winding around her arm, yet again, she was escorted to the court. Keeping her eyes fixed on the floor, Nidra was marched along the corridors of whichever catacomb she was trapped in. The only indication of entering the courtroom was the appearance of an ugly red carpet. To blend in with blood, Nidra thought. She was standing behind a podium, protected by a gemstone barrier. A panel of six judges. High-ranking, tenured Peacekeepers, in green uniforms and vests. No robotic eye under their sockets, but scars around their eye sockets. The echo of a gavel reached Nidra's ears. The court was in session. And the countdown to her death had just begun.

"Nidra Vijaylakshmi, charged with being a Dreamer, how

do you plead?" A woman with a sharp voice and silver hair pulled up in an updo said. Nidra steeled herself, staring at the blood-red carpet. I will not die today. Not here. Not for this. Not this way.

"Guilty," Nidra said shakily.

There was no crime. But she was what they said. A Dreamer. Outlawed and damned.

"Very well, Nidra Vijaylakshmi, why did you not turn yourself in when Dreaming was outlawed?"

Nidra took a deep breath, "Dreaming is not a crime hence I am not an outlaw,"

"The law says-

-the law is wrong," Nidra sucked in a breath, Defying the Council, telling them they are wrong. The woman pursed her lips.

"You are held in contempt of the court," she said quietly, Nidra tried to keep her chin up and back straight, the unrelenting fear crashing against her ribs like waves during high tide. Rhythmic and strong. Inhale. Exhale. Crash. Inhale. Exhale. Crash. She surveyed the panel, four women and two men stared at her; she had already pleaded guilty. The circumstances were cut and dry.

"You are sentenced to bonded labor," the woman declared, followed by the second echo of the gavel. Bonded labor.

The polite word for slavery. She'd be sedated, fed, and kept like an animal, producing Dream Dust for the elite as long as she could. Tired and dazed, Nidra was escorted out of the courtroom for a third time to another holding cell, filled with three more, sentenced to bonded labor. Eyes hollow and sunken, they, too, sat slumped over, staring at the floor or out the barriered window, dreaming of freedom again. The hours ticked by, and the afternoon heat thickened, settling like fog. Nidra eased into sleep, hoping for dreamless sleep was pointless; they already know what I am. Sleeping was a mistake, the nightmares unrelenting. Upon awakening, her Dream Dust, powdery and ashy, stinging her eyes. Not the usual warm glow of gold, abuzz and alive. Dead, dreary, ashen Dream Dust smelling like smoke.

"The nightmares are slow to fade," a distant voice called out, "But fade, they do," a Peacekeeper with close-cropped hair and a handlebar mustache appeared.

"Take them down for registration," the four in the cell shuffled out resigned to their fate. What did he mean the nightmares are slow to fade? Led down another hallway, Nidra pulled her shoulders back and kept up with the Peacekeeper's pace. Attempting to look calm, Nidra couldn't stop feeling like she was being led to the slaughterhouse. The slaughterhouse was an inconspicuous office, blending with the several in that hallway. A dulled gold plaque, a grey creaking door. The opposite of something out of a dream. This was just a bleak reality. Inhaling and swallowing her fear, Nidra prepared to face her reality, behind the desk sat a tall man with broad shoulders, his salt and pepper beard contrasting his striking dark eyes surveying Nidra behind a wall of medals pinned on his uniform. "Nidra Vijaylakshmi," he read from his file, and she nodded. Her eyes were filled with cold defiance. Almost challenging him, saying you think you can stop me? Closer observation found her hands white and clasped in her lap, her feet jumping, her shoulders back and chin up. Bohra had to suppress a laugh.

"Lieutenant Bohra," he offered his hand across his desk, Nidra wiped her hands on her pants and shook his hand. Not breaking her gaze, "You plead guilty,"

"I'm not guilty," she answered, her level voice cracking as she said guilty.

"So, you plead not guilty,"

"Dreaming isn't a crime," she repeated her sentiments from the courthouse. Foolhardy, she knew, but Nidra Vijaylakshmi had nothing to lose. No family, a small rental, a hand-to-mouth income supplemented by occasional black market dealings. Bohra ruminated along similar lines, taking a sharp breath, he cast her file aside and leaned across the table. "Where do dreamers come from?"

Nidra leveled her gaze, "Potar's star," she answered.
"So you got the call,"
Nidra glanced anxiously at the door, "Oh, the Peacekeeper can't hear," Bohra answered, "Their senses are impaired, open only to the generals giving them orders,"
Her face paled, "The Magitronic eyes do that?"

"Indeed," "But you don't have scars like the rest,"
"No, I volunteered," he answered, "Now, regardless, the Peacekeeper will be collecting you soon. You are being recruited for the resistance, you answered the code question, I take it you're willing to join?"

"Resistance?" she whispered, "I thought you'd free me,"
"To what end? To have Peacekeepers come after you again and then again?" Nidra shrank in her chair, "In fact, if you are caught again, you'll be executed without a trial. This is your best option."

"Best? Really? Is it?" her voice rising, "Die or die? I didn't do anything wrong, in my life! I owe nothing," she snarled. What better choice do you have?" Nidra glared at him, her shoulders shaking, "None," her voice was harsh and bitter.

"You'll be undercover at the Harvest, you'll follow the rules, report, and convey them,"

"How?"

"You'll be in touch with the warden there, Suchitra Bhosale. Remember her name, and she'll help you. Similar to how another member of our resistance reached out to you with dreams, you'll also send us information that way,"

"Okay," Nidra nodded shortly. Her anger: palpable, but the spark of hope, undeniable.

"If the resistance is successful," Bohra paused, "You'll be free," "One can dream," Nidra laughed.

In silence Bohra finished the transfer report, leaving the discrete clues Warden Bhosale would need to identify Nidra, "Godspeed," he whispered to her. His parting words to her.

Sedated yet again and in a van, Nidra awoke at the Harvest. A square building with barred windows, a bare yard, and wrought iron gates. Her recent discoveries echoed through her mind. Handed over to the warden, Nidra extended her hand, instead she was met with a stinging slap, "Not here," the warden whispered. Tears sprung into Nidra's eyes, she kept her eyes fixed on the floor. Her head throbbed at the overwhelming smell of sickly sweet Nightlight Lillies.

"You'll receive three meals, and water, and get some free time, you'll be asleep twelve hours of the day producing the Dust. You like the rest and will be engaged in some work, that may be gardening, cooking, laundry, or refining. Misbehaviour leads to severe punishment,"

Nidra nodded, not daring to open her mouth. Led to her room with a simple bed, curtains, and her new uniform. A dark green jumpsuit. Hideous. Nidra pulled it over her factory overalls and sat at the edge of her bed. Welcome to the revolution. A slave and then. Free.

An Inspiring story about a patient's fight with Cancer. - Dr. Shashikant Dudhgaonkar

This is a true story I had written sometime in 2019. It shows a totally different way of thinking, which we normal people could have never thought of. Especially when facing a certain death.

We always keep hearing that doctors make an impact on the lives of their patients. But there are many patients who also make a deep and lasting impact on their treating doctors. This is a story about one such patient.

In those days I was a rookie medical practitioner. Had just joined an organisation as a medical officer at their dispensary. Everything was quite new to me and I was quite ignorant of the unwritten rules, the hierarchies and the politics of the place.

In those days of trying to find my way at my workplace, I met this patient. He was a upper managerial level executive. Had risen from the ranks of the organisation. A capable officer as I heard from my subordinates. But he was also a headstrong and a brusque administrator. Given to talking tough with his team and quite rough in his day to day interactions with them. He also had a lack of patience and was given to throwing his weight around. All heresy but then that was the info I got. Enough to surmise that he was not a much liked person, except a few who valued his work.

So it happened that one day, he came for a consultation at the dispensary where I was working. Rather than wait for his turn he literally barged in. Being relatively new at this place and not wanting to step on anybody's toe's, I didn't say anything.

He sat down and without any formal pleasantries just started off with describing his problems. His mannerisms were a bit jarring but I brushed them aside and concentrated on my work. He apparently had a swelling in his left armpit. After taking due history and doing a thorough examination I realised that this didn't look like any routine illness. Wrote down some investigations and referred him to a specialist. At the same time requested him, to keep me in the loop, about the Specialists opinion and plan of treatment. He left and I got involved in my work.

After this meeting, he didn't turn up for almost fifteen days. And that episode went out of my mind. For a doctor "no news is good news", meaning usually patients come when they have problems and if they don't have any problem they won't come even for a follow up.

After fifteen or twenty days this patient again barged unannounced, into my room. I was annoyed and the indignation on my face must have been visible. For he immediately apologised for barging in out of turn and then with a dead pan face asked me," doctor do you remember you had referred me to a specialist?" I just nodded my head. He then composed himself and told me in a matter of fact manner, that he had undergone a lot of investigation including a biopsy of the swelling and that he has been diagnosed with Non-Hodgkins lymphoma. Hearing those words I was literally shaken out of my mind. I was stunned. Thought I heard it wrong and requested him to repeat it again. He calmly repeated it. It was a terrible diagnosis. It meant he had a cancer. And a cancer which is not very easy to treat. Would require chemotherapy cycles and multiple rounds of investigations and also admission in a hospital for chemotherapy. It is the worst news to break to a patient, and here this man, my patient was telling me, his doctor, calmly that he had this illness. For a moment I thought that perhaps he had not fully comprehended the implications of his illness. Yes, maybe. That's the reason why he was so calm and collected. In the moments silence which felt like eternity I collected my self and asked him, "Do you know anything about this illness, has your specialist explained it to you and do you know the treatment required and the possible outcomes ?

His response literally stumped me. He told me that the specialist had explained to him everything and he very well knows that he is suffering from a grave disease, which will require a long treatment with lot of financial expenditure. He further told me that he knew perfectly well, that the prognosis of his illness was not very good. He was very clear that he that had understood everything.

As this talk was going on I had risen from my chair to approach him and stood near him, ready to comfort him at any sign of emotional discomfort. But hearing his last sentence, stopped midway and returned to my chair. Rather just slumped in my chair.

Having just started my medical practice, I was still learning the finer nuances of human relations and emotions, especially in relation to the medical field. And I was really trying to find the right words, to speak to him without causing any emotional distress in him. Very slowly and emphasising every word I asked him, "Have you fully understood your illness and the implications or should I explain them in detail. If you want, you also can go in for a second opinion." Pat came his reply, "Don't worry doctor, I know what is there to know and will be starting my chemo in a couple of days. Don't worry I will be fine"

Quite unnerved with this unexpected behaviour and finally loosing my composure I asked him, how could he be so calm and composed in this situation. Any other person would have totally collapsed. To that he replied, with a composed look in his eyes, " Whatever has happened, has happened and what will happen will happen, no point in raking my brains for that, just intend to focus on what I need to do, and that I will be doing, by undergoing chemotherapy".

But now, I had lost control over the situation. I was feeling sad for him on one hand and on the other hand I was impressed with his mental strength, in facing a life threatening adversity. With a few casual words, we decided to follow up on the chemotherapy and I requested him to contact me, if he faces any problems. He left that day and then onwards began an almost a couple of months long saga of his fight with Non Hodgkin's lymphoma.

We were in touch on phone. In those days there were no mobiles. He used to drop down almost every alternate day. Talk about his experience of chemotherapy. Slowly over time he had started looking frail and had started loosing hair on his scalp. The side-effects of chemo had started taking their effect.

Then for almost four-five days he didn't turn up and nor

did he call on the dispensary's landline. I was a bit restless and worried for him. Had even thought about giving him a call on his office telephone. But then decided not to. That would have been an invasion of his privacy. Then one day I received a call from him requesting a home visit, as he was feeling very weak and couldn't come to the dispensary. I packed my medicine bag and left for his residence immediately. I used to stay on the campus of the organisation I worked for. He also used to reside on the campus. As I reached his house and entered the living room, I could hear a gentle tune being played on a guitar. He was sitting in the living room on the couch. Looking sick, very sick. I started inquiring about his health and the problems he was facing. Did a medical examination. And then we started talking. He had taken chemotherapy a day before and was vomiting continuously . He felt severe tingling and burning sensations all over his body and because of that he couldn't sleep all night. I inquired if this is happening every time after chemo or only this time. He told me that it happens after every weekly chemo but this time it was increasing. He looked quite distressed, rather distressed is a very mild word, he was in a lot of pain. All the while I was there he kept on repeating only one thing, the tingling and burning sensation. Realised it was going beyond his tolerance.

In between our talk, he told his wife to make a cup of tea for me and to get some snacks. I politely refused. Couldn't think of having tea around a sick patient, who was not able to eat due to intense vomiting. I wouldn't have been able to have anything. But he insisted. Said, " Doctor you have never come to my house before and I will not like it, if my

guest is not treated well". I made a feeble attempt at trying
to tell him that, I was not a guest but his doctor and was
on a professional visit. But he would have nothing of it.
His wife as I could see was a homemaker. A typical Indian
homemaker. Very subdued and an benign personality. An
individual who held her husband and children's priorities,
way higher than her own. A typical self deprecating and
self sacrificing person of the household. She got tea and
biscuits. I had the tea, rather gulped down the hot tea as
fast as I could. He had nothing due to nausea and couldn't
eat much. In between sipping my tea I inquired about the
music being played on the guitar. He told me it was his elder
son, who was a teacher in a College. He loved music and was
learning to play guitar. We talked for a few more minutes.
A general talk. Tried to reassure him, rather was listening
to him more than doing the talking. As I was about to take
leave, his son who was playing the guitar came in the living
room. I complimented him on his skill with the guitar and
I could see that he was beaming with my compliments.
He started explaining about music and different guitars.
And then, in a flash I realised that this chap was blissfully
unaware of his fathers situation and pain. A quizzical look
must have formed on my face, as my patient immediately
rose up and curtly told his son that the doctor is busy and
needs to leave. Confused I left the house and came back to
the dispensary. For a day or two I didn't receive any call.
Busy in my work I also had very less time to reflect on this
patient.

Then in a couple of days I received a call requesting for a
home visit again. I was almost eager to go. Was intrigued
by this patient and his ways. As usual after the medical

examination we started chatting. His wife served hot piping tea and some hot snacks which I don't remember. After ensuring that nobody was around I asked him, "Haven't you told your kids." (He had two sons and a daughter. The one who used to play the guitar was the eldest, younger son was studying in college and a cute daughter the youngest of the lot was studying in school.) To my question he replied in the negative, that he hadn't told his children. I suggested that he must inform them about his illness.

I told him, "You are suffering so much and are in a hell of a pain and they are going on with their lives unawares. They have a right to know. Once they know your situation, they will form a support system which you need, in your critical times. You need emotional support. And you need somebody to look after and at the same time give you more time."

He just listened to my preaching in silence and by the time I had finished my long winding talk he had a faraway look in his eyes. He was silent for a few moments and then he spoke. " Doctor you have been to my house many times recently, what have you noticed? You have seen my elder son play beautiful melodies on his guitar. He is happy and enjoying his life. My other son who is studying in college is a dynamic guy and working very hard to excel in academics. He is also enjoying his youth and college life. My little daughter is a bundle of innocence and joy. Now, give me one compelling reason, why should I tell them about my illness. Why should I expose them to sorrow and sadness. Right now they are like birds, happily singing on the trees and trying to spread their wings and fly in this beautiful world. What right do I have to snatch their joys from them. And, I very well know the outcome, I have a fifty fifty chance of survival. If I don't make it, then they will automatically come to know. But not now. Not at this juncture. I would rather delay the arrival of sorrow and pain in their lives. When it arrives, they will have to deal with it and they will. But not now. I don't want to disturb their blissful lives. And if by gods grace I make it and I am free from cancer, then there will be no need to tell them at all. My suffering will remain my sufferings only. Don't need to share it with my children." I was speechless, listening to the outpouring of his emotions and his thoughts.

"What about your wife? Does she know.?", I asked in exasperation. "No! she also doesn't know. Look how happy she is that my doctor has come home to meet me. Look at her happiness, in entertaining you. She does her household chores, with complete devotion to the family. Takes good care of me. And you want me to make her sad? Make her cry? No way !!!. She will come to know about my illness if I die. And if I recover then this will be my secret. For all my life."

I was at a total loss of words. Here I was seeing a man suffering from cancer undergoing chemotherapy which has terrible side effects, right from loss of hair to extreme vomiting, anorexia, headaches, unbearable tingling or burning sensations all over the body, an absolute feeling of unease and sickness and so on. He may make it or may not. And what he really required what we doctors call TLC (tender loving care). A lot of nursing care and a lot of help in his day to day activities. And this man wanted to forgo that in his worst times, just for the sake of not contaminating his families happiness. I was aghast. I couldn't think of any thing to say. I nodded my head half in appreciation and half in sadness. Appreciation because, I appreciated his thinking and sadness at his plight. For this mans physicalsuffering's were immense and he was suffering alone, with nobody around him knowing about it except his doctors. And we could do only so much.

I got up with a heavy heart trying to comprehend what I had heard and seen. Was trying to compare with other similar patients, I was used to seeing. Any normal person would have broken down, but this man was standing tall with his beliefs. His beliefs could be debated but they were sacrosanct to him. He gave a totally new perspective to my understanding of patients and human life. But all this I couldn't comprehend at that time. Whenever I reflected on that patient later on, I realised that people are not very easy to read. They have different facets to their lives, which are revealed to us, only at the right oropportune moment. In this case I could hardly say at the right time but the exact opposite, at quite a wrong time. I realised one cannot judge people from their behaviour or from heresy. And that there is a lot more to any human being, than what we are used to see and understand in our day to day life. And also that, there is a lot to understand and learn from every individual we come in contact with.

As I traveled back, his words kept ringing in my ears. I just couldn't take my mind away from the situation I had been into.

Days passed by. Was busy with my heavy workload. But whenever I was alone I used to remember that interaction. I used to go for home visits to see him as a doctor. Have tea prepared by his wife. Sometimes used to hear his elder son playing guitar in the adjacent room and sometimes meet his cute daughter prancing around, full of life.

Then one day I received a call from his son. His father was was not well. I rushed to his house. For the first time I saw him lying down on the bed. Coughing badly and breathless. After assessing the situation I advised his son to shift him to the hospital immediately. We called the ambulance and he was taken away to the hospital. The next morning I went to see him in the hospital. He was in the ICU and on ventilator. Conscious, but because of the ventilator he couldn't speak. He very slightly nodded his head at me. I saw, maybe an hint of smile in his eyes or maybe my mind was playing games. I held his hand, tried to speak but was unable to. Stood there looking at him and all the while his gaze never left my face. Then I patted his arms and turned around and left the ICU. That was the last I saw him alive. He breathed his last the next day.

PS : He used to take chemotherapy on Fridays and then rest on Saturday and Sunday. Rest means suffering the side effects of chemotherapy. By Monday he used to be little better and he used to attend office. Nobody at his office knew of his illness. Nobody knew he was undergoing chemotherapy. He kept on with his duties and responsibilities till he was admitted to the ICU. A brave soul.

The Diary - Lopamudra Kalangutkar

When I opened my bag, I found someone's diary inside. It was covered with denim cloth embroidered with a pattern of wings. Who even writes a diary these days, other than nerds and people trapped by therapists? I thought as I flipped it open. That day, I had no idea that this diary would one day ignite the writer within me.

Since nothing compares to the pleasure of invading someone else's privacy, I excitedly opened the first page of the diary.

"A diary of a caterpillar who dreams of becoming a butterfly."—Nisha

This Nisha must be a fanatic teenager who knows nothing except fantasizing, I thought. I jumped onto my bed, grabbed some popcorn, and started reading the diary.

But to my surprise, it wasn't some dream journal or today--my-crush-noticed-me kind of diary. It was a travel journal. The girl seemed older than me. She had been traveling with her brother, who, according to her, was lovable, caring, and sometimes irritating. She had also mentioned that he was born in 2001—the same year as me.

Her travel experiences included perfect descriptions of monuments along with their history, her conversations with locals to learn about their culture, and her insights on them. She was a natural storyteller. I, who had always despised history, finished her diary in one go.

I flipped through the pages again, searching for any hint of her address, but in vain. Nisha Kamat—her name—was the only thing I knew. And since I was far from an explorer, I decided to keep the diary in my bag until the day this Nisha somehow magically appeared before me.

Two months passed, and our school announced a survey project where we had to visit every house in our locality to collect information about community health. To my astonishment, something with the same probability as me topping in math happened—I was paired with my crush. Maybe one day I'll get the highest marks in math too, I thought.

The next day, as we discussed the project—which mostly meant me nodding in agreement to everything Soham, my crush, suggested—I was too busy admiring his brown eyes when I thought I heard him mention "Nisha."

"I didn't catch what you just said," I said.

"Oh, I was saying we can start from my house. My sister Nisha will be our first respondent," he replied.

"Isn't your surname Bakre?"

"Yeah, it is. Why?"

"Nothing, just curious."

The next day, I visited his house. His sister came out, sitting in a wheelchair. She was younger than us and had the same brown eyes as her brother. Soham explained that she had met with an accident in her childhood. Despite her condition, she was very cheerful.

"I've heard a lot about you from my brother," she said.

"Oh, have you? Then it must be about what a lazy bum I am," I joked.

"No, you're not."

"I was telling her about our project. I must have entioned you then. Let's not waste time," Soham interrupted hastily.

We continued with our work. She was very cooperative, and it gave us an idea of how to approach the people we were going to survey next.

As I packed my bag to leave, the other Nisha's diary fell out. I hurriedly tried to put it back when Nisha spoke.
"Wait, Didi, that's my diary."

My face turned red. The fact that I had been carrying my crush's sister's personal diary in my bag was embarrassing enough, and I had no clue how it had landed there in the first place. The diary was supposed to belong to Nisha Kamat, not the person standing before me—Nisha Bakre. And she wasn't even standing. How could someone with injured legs have written a travel journal?

"I use my mother's surname," she explained. "I think my brother mistakenly took it to school, thinking it was one of his notebooks. And judging by your expression, I guess you've already read my diary."

"I'm very sorry, but I only read it to find its owner," I lied—
when in reality, it was her impressive writing that had
compelled me to do so.

"So, you love to travel, I assume?"

"I would love to, but I cannot."

"But in your diary…"

Nisha looked up and said, "Those are the places I plan to
visit when I regain my strength. I'm trying to recover as fast
as possible to reach my dreams. I don't want to be a burden
on my brother."

"You are absolutely not a burden, dear," Soham said.

"You're very kind, Dada, but I want to be free from this
cage as soon as possible. I can't wait for the moment when
I will step onto the lands of Bhutan, Korea, Germany, Bali,
and many more. I've practiced conversations with locals
in front of my mirror so many times. I want to travel the
whole world before I die."

She turned to me. "What about you, Didi? Even if Dada
won't understand, I know you will. You must have dreams
too—dreams you can't live without."

I didn't answer. I simply returned her diary and told Soham
I'd go home by myself.

That night, under the starlit sky, I looked up. What is my dream? I asked the moon. But it remained silent, just like my heart.

Until now, I had never thought about my dream. I was just running after exams, assignments, and time—not realizing that time would always be miles ahead of me. So, I decided to run home. I went upstairs to my room, picked up a pen, and opened a fresh new page of my diary.

BLISS OF SERENITY - Rasika Sinnarkar

Chapter 1

Riding scooter she was stuck in traffic, it was 9.54 am. It was scorching June heat and humidity at its peak. She draped her scarf, wore hand gloves and sunglasses trying to save herself from tanning. The humidity was making her feel suffocated. The constant honking and noise made her even more irritated. "I hate this city" Radhika said to herself. "I think I should switch the job and find it in another city, maybe Bangalore? I heard the weather is good there". For a moment she felt good. But the traffic wasn't going to let her daydream in the middle of jam packed road. She explored a new shortcut road to reach the office early.

Finally, Radhika reached office at 10.20 am, "it's a late mark again?" Natasha asked her, Radhika's colleague.

Radhika settled down and switched on her laptop while complaining about the Mumbai traffic and humidity. "How can you be late every other day? You should leave home early" Natasha said "Anyway I have a gossip, do you know this new HR…wait wait, lets go for tea"

"I hope you know I just came to the office?" Radhika said "Come on now" said Natty (she calls her natty)

"Fine let's go" Boss's angry look, pending emails, and of course 45 degree celsius outside temperature, nothing can stop these girls from having a cup of hot chai.

"Tell me what's up with the HR? She seems so young, I don't understand how management hired her. What is she like 20?" said Radhika.

"Yeah, she's 22 years old. Associate HR"

"What's the gossip Natty?"

"I think there is something going on between her and that funky Finance guy"

"Bro, he must be 30 something. These men are so desperate!"

"Exactly, poor girl must be thinking its true love"

After coming back to the desk, the pretty girly desk. Radhika is very passionate about her work. She is an architect working for a big Consultant firm in Real Estate Investment team. It was her dream to work here. She completed higher studies just for this role. It's just perfect. It was lunch break; she was busy with a client meeting. Natty somehow pulled her from the meeting as they have lunch together every day. Rohan came from the site visit complaining about the new assistant Pratik. Khyati was already waiting in the cafeteria for them to join.

"I went to the client meeting and then to the site. Manager gave me that 'Pearls' project in Worli. There are some issues with the NOCs and the project has received stop work notice. Now I will have to sit with the legal team and discuss the design. I wanted to take leave next week. Now I'm stuck with this." Rohan said while having lunch. "Besides I'm supposed to train the new guy. So, irritating. He was asking me about projects in other cities because Vipul told him he plans site visits on Fridays and spend weekend there. Idiot!" Rohan said frustratingly.

Later at the desk Rohan came "Hey girls, are you busy?" asked Rohan Natty and Radhika

"Little bit, why?" answered Radhika. Natty was checking on her new hairstyle on the phone. "How is this picture? Do you think I can post it on Instagram?"

"Nice, I will be posting a lot of pictures on Instagram soon. I'm going to my friend's bachelor party next week. Thailand" said Rohan, the exciting of this trip was clearly visible on his face.

"Interesting" said Radhika.

"I know why you are excited for" said Natty, sarcastically.

Radhika was so exhausted after reaching home. For few minutes she just lay down on the bed. She saw the pile of clothes next to her bed needed to be washed. "If I keep laying, I will sleep, lets get to work" she thought to herself. She went to wash clothes in the washing machine, meanwhile cleaned the apartment a bit. She loves to keep her flat clean and pretty. She ate the pulav while watching 'FRIENDS' Tv show and then cleaned the utensils all alone. Radhika always ends her day by reading a good novel. Enjoying a nice romance novel in the dim light with a glass of lemonade.

The next day Natty was telling how HR came to the office with the Finance guy's in his car. "I think they are getting close. I also saw him keeping chocolates in the desk drawer" Natty said.

Today was team lunch day, it was biryani for lunch. Everyone shared their memories in the office to make the new employees comfortable. "You guys remember the party 2 years back? We guys played games. It was so much fun back then" said Mary, another colleague.

"The people who used to initiate for these games left the company. Nowadays these parties are just about lunch" said Khyati.

"I'm so full and sleepy, I need chai" said Natty to Radhika.

"Fourth cup of the day" Radhika replied.

Chapter 2

It was raining the whole day. Mumbai monsoons are the worst. It was Sunday. Radhika sat on her small balcony, really small. The width of the balcony is same as the width of a chair. She was having a cup of chai enjoying the cold but humid breeze with her favorite book. But the heavy rain and dripping roof water won't let her. "The heat of June and now this waterfall in July" Radhika said irritatingly.

Radhika very carefully planned her career, and she achieved it. She has the perfect job, good friends, and supportive family. Still, something bothers her. She felt lonely and sad. She was tired of her routine. "Let's go home, it has been three months that I didn't go home" thought to herself.

It was a late night flight. A warm welcome at the airport by her parents, they were excited to see her. Radhika and her parents chatted and laughed in the car. They took a small stop at the ice cream parlor. They visit the same old place every time. The woman shopkeeper said Hi to her as she met after a long time.

Her room was exactly how it was when she left in April. She loves soft blankets, it is actually Godhadi it is as old as Radhika, and she loves it. The next morning, she sat with her parents in their beautiful little garden full of plants and flowers which blossom seasonally. A cup of hot chai in the comfortable chair Aram khurchi.

She spent the whole day relaxing. Her mother made her all the favorite dishes and then a nice cozy afternoon nap. Although it is hot in Nagpur and they have AC, Radhika prefers air cooler made with straw and khas she also likes to add some khas perfume to it to get the amazing smell. She was reading a mystery book. Radhika loves reading mystery, historical fiction and some romance novels.

She loved her afternoons at home. It started raining and she enjoyed the beautiful smell of petrichor with her dad in the verandah. Radhika got a message from her best friend, Ruhi.

"7 pm Breakfast story café" said Ruhi, "Avanti and Shreeya are joining."

Excited to meet her friends, Radhika quickly got dressed and took her mom's scooter. Riding scooters in Nagpur is so much fun as the roads are not usually crowded. Both sides of the roads are covered in green bushes and trees especially in monsoon. It is not as humid as it is in Mumbai.

She reached the café, they were all happy to see her. Ordered some Pasta, shakes and sandwiches. Chatting, laughing, sharing gossip. "When you are with your loved ones, you are truly happy from within" Radhika thought to herself. While, returning she met her neighbor, "when did you come Radhika?" said Ashwini aunty

"Yesterday aunty" Radhika replied
"How are you?"
"I am good aunty, how is the college going on?" Radhika asked.
"It's good, how is work going on? You are working since so many years I hope you have settled in Mumbai now?"
"Yes, aunty work is good. I'm still trying to get along with Mumbai life. It is hectic and weather is horrible, no peace of mind." They laughed together.

Ashwini aunty is a literature professor and often suggests good books to her. Radhika is got her M.A degree in English Literature with Ashwini's help as an external student in the University as she is passionate about reading as well.

Just like every year Radhika came home for Ganesh Chaturthi. There is also one festival a day before Ganesh Chaturthi called as Hartalika. It is a pooja for Lord Shiva to bless her with a good husband. Radhika thoroughly enjoys all these festivals and initiates all the preparations. She decorated the mandir at home for Ganapati bappa using her creative. Her mom made delicious Modak, the other traditional dishes as well. Radhika wore her mom's saree, beautiful traditional nose pin, Gajra of jasmine flowers and a small bindi on her forehead.

The decoration in the city, the dhol tasha music and watching all the Ganapati pandals was a family ritual. Visiting friends and relatives for lunch, this is the time when Radhika gets to comfortably sit and talk for hours with her loved ones.

"I have packed some snacks for you in your suitcase. When are you going to visit next? Book the tickets in advance" her mom said.
"Diwali I guess"
The real pain is going back to Mumbai, her heart breaks every time her parents drop her at the airport. The next day at office always sad. It takes her a couple of days to come back to the routine.

Chapter 3
"I have a new project for you, go through all the documents and plan a site visit." Radhika's manager said.
"Noted Aman" Radhika started working on the project.
"Whattt???!!" said Radhika loudly with excitement
"What happened?" Natty asked her
"The project is in Nagpur, that means I am going home again." Radhika said happily.
"What is the big deal, you visited home last month" Natty said sarcastically "You are homesick; it has been more than 3 years since you came to Mumbai stop missing home so much."

Radhika's excitement was gone. She felt sad. She planned the visit on Friday so that she can spend the weekend with her parents and friends.

Radhika was used to the homesickness teasing. Not just her friends but also her cousins tease her. What is the big deal about home? What is in Nagpur? If you miss parents, ask them to visit you in Mumbai. How can you take five days' leave without any reason just to stay home? Radhika was used to listening to all these comments.

"It is not just parents or friends. It is the comfort that I get at home. The trees I have seen growing old with me in the garden at home. It is the home food, the familiar walls, the verandah where I can sit for hours alone and never get bored. It is my room, the softness of the mattress and godhadi. Even if I am alone at home, I can keep the doors open and still feel safe. The rangoli I make every Sunday, sitting on the floor with the rangoli book. Mom's head massage with oil champi and then helping me washing my hair with shikakai. Known roads which give me freedom to roam around the city. The fun Bazaar shopping of Itwari and Burdi with mom. The lovely Phool market. The cafes and night stays with my friends. My college and the chat walas near my college. My stationery shop I used to visit every now and then during college days. The printout shop I used to visit for my last minute vacation assignment during school. Things rapidly change in big cities but not here. People know each other by their names. Neighbors genuinely care for each other. Every day is lived to the fullest. People are not rushing to reach somewhere; they are happy where they are and what they have. Families celebrated festivals together, unlike in Mumbai I have to sit alone in my room. Is it so bad to expect these little joys of life?" Radhika thought to herself.

Chapter 4

"Wake up! it is 8 am you will be late for office" Radhika's mom said.

"I was studying till 2 am, Mom."

Radhika left for office. It was a small cabin in a co-working space. She works with the same company but has lesser pay. Radhika convinced her Boss to let her work from Nagpur and promised him to bring more projects to the company. As she has contacts and some architect friends in the same field. It was a win-win for both.

While coming back home she visited university library for some books she required for the literature Phd research and her online vlog that she had to shoot and upload tonight. She has her own Literature page on social media named BLISS OF SERENITY.

"Mom, I'm wrapping my vlog I will help you in making laddoos."

"Let me join you two" her dad said happily.